U0136012

WINNING
THE
LOSER'S
6th Ed. GAME

投資終極戰

耶魯操盤手告訴你
投資這樣做才穩賺

Charles D. Ellis

劉道捷 譯

Contents

Chapter 1
輸家遊戲　　31

正是因為投資機構的數目極多，能力高強、決心為客戶做好投資管理，投資才會變成輸家遊戲。

Chapter 2
贏家遊戲　　43

今天的股市再也不是祖父時代的股市了，以至於對大多數投資人來說，打敗大盤這類目標就顯得不切實際。

Chapter 3
為什麼打敗大盤不可能？　　53

能夠打敗大盤的投資人寥寥可數，原因不是這些人技巧不足，也不是不夠努力，而是……

Chapter 4
市場先生和價值先生　　67

投資最難的部分不是判斷最適當的投資策略，而是維持長期觀點。

投資的最高境界就是「簡單」

施昇輝

財經作家、樂活投資達人

　　我從2008年金融海嘯之後，幾乎只做「指數型」的投資，迄今充分享受到它輕鬆理財，樂活度日的好處。到了2012年，不只「好東西要和好朋友分享」，甚至乾脆寫書來和「所有的投資人分享」，而且毫不避諱廣告化，直接點名目前台股ETF（指數股票型基金）中最具指標意義的「台灣50」（股票代號0050），是最值得投資人買進的標的。

　　但是，面對市場上瞧不起它「過度被動」的質疑聲浪，和大多數人「追求打敗大盤」的主流價值，還是常常深感挫折，並對大家的執迷不悟，感到非常不捨。

　　為什麼投資要如此焦慮？而且，大家都知道，超過八九成的股市投資人都是處於虧損狀態中，更遑論要打敗大盤，為什麼大家還自以為一定可以成為能夠獲利的那一兩成呢？能夠和大盤同

步，其實就已經很厲害了，而且它甚至還有機會可以打敗大盤。

終於，有幸看到了這本理財界的經典，從作者大量引用統計數據、市場現狀和投資學理，都印證了我的觀點，頗有「德不孤，必有鄰」的振奮之感。迫不及待讀完之後，就想趕快推薦給大家。如果你不相信我這個素人作家的看法，也不相信我所分享的投資經驗，那麼你總該相信這個讓耶魯大學資產在16年內成長八倍的專家，所提出的見解吧！

誰犯錯少，誰就是最後贏家

沒有人希望在股票投資中，成為賠錢的「輸家」，因此大家都認為這是一場「贏家遊戲」。但是，全書的開場白卻潑了大家一盆冷水，作者認為這其實是一場「輸家遊戲」，誰犯的錯誤少，誰就是最後的贏家。這完全顛覆了大家的思維，但卻令人咀嚼再三。描寫日據時代，台灣的嘉義農林棒球隊打進日本甲子園冠軍賽的電影《KANO》，裡頭有一句經典台詞：「不要想著贏，要想不能輸。」就是同樣的道理。

股市的參與者，其實只有兩種人。一是擁有龐大資源和專業能力的機構投資人；一是始終處於「資訊不對稱」劣勢的一般投資人。你有的資訊，大家都有，別人有的資訊，你卻不一定有，因此你憑什麼認為自己一定能打敗基金經理人？甚至妄想能打敗大盤？很多投資人因此決定不再自行操作，轉而把資金交給基金

公司，希望透過他們的專業能力，為自己賺取投資收益。但是，這麼多的基金，這麼多的基金公司，要怎麼選？所以，以往的績效，就成了最重要的指標，而明星基金經理人，則成了大家追逐的對象。這種情形，和一般投資人經常對個股「追高殺低」的習慣有何差異？

去年績效良好，不代表今年，甚至未來好幾年都能維持同樣高檔的績效，因為根據書中的統計數據顯示，一年期間有60％的共同基金輸給大盤，十年期間有70％的共同基金輸給大盤，若拉長到二十年，該期間居然有高達80％的共同基金輸給大盤！

同時，這種績效評比，不一定是來自他們研究和判斷後所買進的標的，有時候反而是藉由賣出競爭對手的持股，來打壓對方績效所達成的效果。結果，基金公司由原本應該是「贏家遊戲」的選手身分，居然也變成了參加「輸家遊戲」的成員。

既然大多數的基金經理人和散戶都無法打敗大盤，投資人至少應該考慮投資在複製大盤的「指數型基金」上，然後永遠不會遭大盤打敗。指數化可能不有趣，也不刺激，卻很有效。績效評比機構的資料顯示，過去十年來，指數型基金的績效勝過80％的共同基金。

作者用了一個生動簡單的比喻，來說明「指數型基金」的價值。事實證明，在醫學中，簡單的洗手在挽救生命的重要性，僅次於盤尼西林。每個人都知道洗手很重要，但因為太簡單了，反而常常被忽略。因為和大盤表現相同（洗手），似乎表現不出投資

的專業，超越大盤（用藥）才是該追求的目標。可是在挽救生命的過程中，洗手絕不會出錯，但用錯了藥，可是會要了命。

如果你認為這個比喻不直接又不恰當，作者也給了一個學術性的專業論證。**投資指數型基金，就可以得到所有頂尖專家的整體專業技能**。因為指數型基金複製大盤，而今天大盤就是由這些勤奮的專家主導，反映他們任何時候所做最佳判斷背後的全部專業技能。他們知道的越多，就會越快更新他們的判斷，這也表示，只要投資指數型基金，就可以擁有市場上最新的共識。

我嘗試用一個更簡單的說法來解釋。股市，其實就是買賣雙方的較勁，指數就是競賽的結果。投資股市，順勢而為，跟著贏家走，當然就能獲利了。書中也有同樣的說法：「如果你不能打敗對方，就要加入他們。」

作者也同時指出，從擊敗大盤所必須付出的時間、成本和努力來看，投資指數型基金的確事半功倍。操作這種苦幹實幹型、呆呆板板的投資組合，似乎可能完全不需要用到頭腦。「安心」和「無須懊惱」，就是投資指數型基金最大的兩個好處。我用更淺顯的話說，就是「晚上睡得著覺」。

大傻瓜的不敗獲利法

大家都知道，股市專家有兩派，一是重視研究財務數字的「基本分析派」，一是看圖說故事的「技術分析派」。前者告訴你

要買要賣的「標的」是什麼？後者告訴你要買要賣的「時機」是什麼？前者的代表性人物是股神巴菲特，後者沒有代表性人物，但人數眾多，就是每天在電視上看到的投顧老師和股市名嘴。本書為兩者各取了一個傳神的名號，前者是「價值先生」，後者是「市場先生」。從短期來看，股市很迷人，也很會騙人。但是，**從長期來看，股市幾乎總是可靠且可預測的。其可靠和容易的程度，已經到了令人覺得無聊的地步。**投機大師柯斯托蘭尼用牽狗去公園做比喻，狗（市場先生）跑來跑去，忽前忽後，但它最後還是會往公園（價值先生）的方向走去。

我想把這兩位先生的見解，也借用到我常常和投資人分享的「股市三招」：「**判斷**」、「**紀律**」和「**人性**」上。「價值先生」代表「判斷」和「紀律」；「市場先生」則代表了「人性」。

能夠對國內外政經情勢的發展，以及個別公司未來的成長前景，進行正確的「判斷」，當然會賺大錢。因為「判斷」真的很難，所以它值得高報酬的回饋。賺大錢的人，真是很會判斷嗎？別傻了，他只是比你多了一條「內線」。

沒有「內線」的你，怎麼辦？只有遵守「紀律」一途。紀律的依據，就是「低買高賣」。這是老生常談，但是大多數人卻總是逢低不敢買，逢高捨不得賣，因為大家都有慘痛的經驗。「個股」即使創新低，未來還可能更低，或是即使創新高，未來同樣也可能再更高。因為「個股」有想像空間，各種技術指標常常會鈍化。

但是，技術指標用在「大盤指數」，相對有其參考性，因為

一來它沒有想像空間，二來沒有人能夠操控它。因此，**只要技術指標落在相對低檔，就勇敢買指數型基金，反之，若落在相對高檔，就該毫不留戀賣出**，這樣就能輕鬆掌握每一次的波段價差。這就是遵守「紀律」的合理回報。

剛才提到「逢低不敢買，逢高捨不得賣」，就是投資人很難避免的「人性」缺點。前者是因為人性中的「恐懼」，後者則是人性中的「貪婪」，但最糟糕的是「僥倖」。一旦心存僥倖，就會追高，心想隔天有漲還是會賺，但是常常自己就是那最後一隻老鼠，套牢成為永遠的宿命。股票投資，一定要把人性放一邊，但真的很難。為什麼90％的投資人都賠錢，正是因為人性難違。

誠如書中所說：「理性不是投資中最難的部分，感性才是。」又說：「股市最大的挑戰既看不見，也無法衡量，因為藏在每一個投資人的情緒失能中。」同時，作者還引用了巴菲特的名言：「投資很簡單，但絕不容易。」因為所需要的行動並不複雜，真正的挑戰在於遵守長期投資的紀律。

簡單的關鍵，在於不要再玩選股的遊戲了，安分知足去買指數型基金吧！最後，我要把ETF拆解成 Earnings of Top Fool，來分享給大家：

把自己看成「大傻瓜」（Top Fool），能夠和大盤一樣就心滿意足，這樣反而能夠有令人滿意的「獲利」（Earnings）。

推薦序 2
抓對投資的方向

綠角

「綠角財經筆記」部落格格主

假如你問一位投資人，投資的重點是什麼？他很可能會說，要積極分析與挑選證券，創造優異報酬。或是評斷目前市場價位的相對高低，據此進出市場。

假如你問一位理財顧問，投資的重點是什麼？他很可能會說，要藉助精巧的分析方法，替客戶挑出卓越的基金。

假如你問一位基金經理人，投資的重點是什麼？他很可能會說，重點就在於基金要創造勝過大盤的報酬。

這就是大多數一般投資人與投資專業人士所認為的投資重點：比市場更好的績效。但在一心追求績效的同時，許多人往往都忘記了投資理財的最終目的，那就是**達成人生各階段的財務目標**。

投資，不是為了要成為全球排名前100大的億萬富豪。全力想達成高報酬率的投資做法，往往只看到報酬，把風險擺在次要，帶來適得其反的結果。

　　相對的，當投資人以自身財務目標為前提在計劃投資時，他不僅把目光放在一個明確且有機會達成的目標，過程中他也不會盲目追求高還要更高的報酬率，而是一個合理，且以市場務實狀況可以達成的報酬率。

　　追求高報酬，不應是投資的重點。達成個人的財務目標才是。況且，用於追求高報酬的努力與資源，往往是白費心力。人人都可以希望打敗市場，但絕對不可能人人都打敗市場。一定會有人報酬比市場好，有人報酬比市場低。

　　實務經驗告訴我們，即便是專業經理人，也很難長期持續打敗市場。這是個事實，過去已經如此，未來也會如此。

　　一個連專業人士都難以勝任的任務，一般投資人的合理預設立場應該是「我會表現的比專業人士好」，或是「我的勝算更加渺茫」？一位務實的投資人，應該知道哪個選項比較合理。

　　但在承認這個令人有點悲觀的事實後，是否代表我們的投資就一無可取，沒什麼可以做的事了呢？

　　實情恰好相反。市場本身就有報酬。以台灣為例，代表台灣股市的發行量加權股價報酬指數，在民國92年1月2日，是4525點。在民國102年12月31號，來到12723點。在這11年期間，共有181%的累積報酬。

而美國股市，自1926到2012年底，有年化9.8%的報酬。

投資人不必努力選股，也不必擇時進出。只要有一個低成本高效率的指數化投資工具，就可以讓投資人取得市場報酬。更妙的是，當你採取指數化投資獲取市場報酬時，大多投資人長期成果落後市場的難堪事實，將轉變成大多主動型投資人將落後你的指數化投資的有趣現象。

而且，當你將用於投資的心力，從試圖打敗市場的戰術層面抽離出來時，你就可以著眼於更高層面的戰略思考。換句話說，你將可以把精力投入**如何進行資產配置、明確定義投資目標**，以及**探究自己的風險忍受度**這些投資的真正關鍵要點上。

換句話說，不僅投資工具的績效，會因為你採行指數化投資而變得更好，而指數化投資，也讓你脫離「選股」與「擇時」這些繁重卻常是徒勞無功的工作，讓你把心力放在投資真正的重點上。整個投資過程，將變得更為切重要點，且有效率。

對於投資專業人士來說，也不是只有帶給客戶超越市場的成績，才算對客戶有助益。協助客戶瞭解市場很難打敗的事實，幫助他們採行指數化投資，以資產配置的角度規劃整體投資，這也可以是非常有價值的事。而且，藉由這樣的觀點進行理財規劃的客戶，實際投資成果有很大的機會可以勝過不斷轉換基金，在一個又一個的熱門產業、明星經理人間轉換的客戶。

這本書讓人看清楚投資的重點，體認市場難以打敗的事實。投資人與理財顧問，都可以用更有效的面向，切入投資的問題。

推薦序 3
小心華爾街的甜言蜜語

大衛・史文森（David F. Swensen）

耶魯大學投資長

這本經典傑作，從1985年初版的精闢簡明的《投資政策》，精進到目前這本完整卻仍然精闢的第六版，但是書中的核心從未變過——**管理你的投資組合，小心華爾街的甜言蜜語。**

負責的投資人都會了解和執行自己的投資計劃，而當每一位市場參與者都遵循這種常識性的方法時，投資成果會得到巨幅改善，自力更生的投資人可以避免華爾街很多適得其反、具有利益衝突性質，又會減損投資報酬率的干預行動。消息靈通的投資人可以避免採取追隨群眾、造成財富減損的行為，而且可以完全避開如馬多夫（Bernard Madoff）之類惡名昭彰騙子的陰謀詭計。所以本書作者艾利斯建議大家，藉著了解自己和自己的投資選擇，追求成功。

自己動手，管理你的投資組合

明智的投資人會自立自強。自承無知、把資產交給訓練有素專家的策略，終究會自尋失敗的苦果，個人除非具有足夠的知識，知道怎麼評估潛在投資顧問的能力，否則怎麼選擇投資顧問？諷刺的是，一旦個人獲得足夠的資訊，可以評估投資服務業者的技巧後，就會具有足夠的能力，可以控制自己的投資組合，做出自己的決定。

教育始於閱讀，艾利斯的這本書代表絕佳的起點，墨基爾（Burton Malkiel）的《漫步華爾街》（*Random Walk Down Wall Street*）、柏格（Jack Bogle）的《柏格談投資》（*Bogle on Investing*）和拙作《打敗大盤的股市策略》（*Unconventional Success*）都試圖協助散戶，面對挑戰，制定明智的投資計劃。這些書都概要說明一種容易了解的解決之道，這種解決之道可以摘要寫成兩、三頁的文章。既然如此，為什麼這些書都要寫上好幾百頁呢？雖然我們只要花很短的時間，就可以說明每本書的結論，但是大部分的訊息意在為讀者提供決心，以便制定明智的投資模式，堅定其貫徹投資模式的決心，不論甘苦都能堅持下去的信念。而追求投資信念讀者必讀的好書當中，艾利斯這本書排第一位。

想到要負責管理一個投資組合，很多投資人都會面有難色。事實上，正確的解決之道包括尋找一種基本、簡單、幾乎人人都能夠做好的因應市場之道。艾利斯極為敏銳地指出，我們必須：

把重點放在我們無法授權別人代為處理的事情上、放在為自己思考和行動上。畢竟，我們就是這樣做其他決定的，例如：決定跟誰結婚、住在什麼地方、是否學會某種樂器、做什麼運動、打那條領帶、在餐廳裡點什麼餐之類的決定。你必須把管理自己的投資組合，列在你的責任清單中。

受託人無意把客戶的利益放在第一位，迫使散戶必須為自己的投資組合負起責任。在追求利益掛帥的華爾街天地裡，本身的利益最重要，受託人責任不重要。會讓投資者受害的有：對證券經紀商有利的手續費、對共同基金公司有利的龐大資產組合，以及對財務顧問有利的高額管理費。當受託人利益與責任相衝突時，利益總是取得上風，投資人總是落居下風。

重點是資產配置，不是選股

投資界存在兩種投資人——一種是做出優質積極管理決策、但是人數日漸減少的投資人；另一種是數量很多，卻沒有掌握資源、沒有受過訓練，無法創造打敗大盤成果的投資人。要加入積極管理陣營，投資人必須投入全部時間，致力了解和利用市場機會，合乎這種資格的投資人很少。不幸的是，有太多投資人想像自己擁有積極管理的技巧，進而積極追求代價高昂、最終一定會走向失敗的策略。

絕大多數投資人應該投入消極管理陣營。這群人在今天絕佳

的效率市場中，不會苦苦追求小小的優勢，而是明智地接受市場所提供的報酬。艾利斯提出強而有力的證據，證明投資指數型基金，以便追平大盤的策略十分有效，艾利斯也大力推薦這種策略所具有的簡單、透明、成本低、具有租稅效率，而且還有能夠創造優異報酬率的優點。

本書一再點出共同基金長期績效不佳的事實，例如，第18章指出，過去十年來，指數型基金的績效勝過80％的共同基金。令人驚駭的是，投資人遭受的損失實際上比艾利斯所說的還要大。首先，績效資料一定剔除了數量驚人的大量倒閉基金，這種現象叫做「生存者偏差」（艾利斯在第15章中說明這一點）。和積極型基金有關的分析中，完全沒有紀錄倒閉的共同基金投資人受苦受難的慘狀。第二，績效資料不考慮稅負，和沒有租稅效率的積極管理型共同基金相比，具有租稅效率的指數型基金擁有龐大優勢。第三，購買共同基金的眾多投資人，要繳交手續費（買進和賣出手續費）給經紀商。因為經紀商透過基金股票很多類別的複雜系統，收取這種手續費，對不同類別的投資人產生不同的影響，卻沒有呈現在標準的績效資料上。指數型基金和積極管理型基金經過生存者偏差、稅負、手續費等項目的比較調整後，指數型基金就有不可逾越的優勢。

投資人一旦承認指數型基金的優勢地位後，下一步就是找出一家投資管理公司。華爾街一心一意追求利潤，甚至會在消極投資工具這麼基本的產品方面，都會努力扭曲事實，收取過高的年

度管理費，也收取沒有道理的買進或賣出手續費。幸好先鋒公司（Vanguard）和美國教師退休基金（TIAA-CREF）這兩家大型機構，根據非營利的基礎經營，以最低的價格，提供投資人品質高超的產品。事實上，不以營利為目的，使得先鋒公司和美國教師退休基金能夠消除利益驅動和受託人責任之間的衝突，因此可以自由自在地把經營重點，完全放在增進投資人的利益上（請注意，本書附錄C的延伸閱讀精彩好書作者名單中，我本人擔任美國教師退休基金董事，柏格是先鋒公司創辦人，墨基爾和本書作者艾利斯曾經擔任先鋒公司董事）。

　　儘管艾利斯提出強而有力的證據，宣揚指數型基金，但投資人的反應並不理想。在把娛樂偽裝成建議的雜音（國家廣播公司財經台〔MSNBC〕的柯蘭默〔Jim Cramer〕就是例子）、在促銷每月最熱門基金、由大型營利共同基金公司刊播的眾多廣告雜音中，推動理智投資做法的聲音，幾乎完全沒有人注意到。因此，到2007年底，指數型基金所管理的資產只占共同基金資產的5％多一點，將近95％的資產都流入會摧毀財富的積極管理型基金公司中。在理性的世界裡，這兩種比率應該顛倒過來才對。

　　艾利斯警告投資人，要**避免玩選股和選擇證券的遊戲，要把重點放在資產配置上**。嚴肅的學術研究報告支持他的觀點，耶魯大學管理研究所教授伊博森（Roger Ibbotson）的研究報告指出，投資人的各種報酬中，超過90％來自資產配置，選股和波段操作的地位遭到貶抑，擔任次要和第三重要的角色。或許更重要的

是，整體投資人所獲得的報酬率中，超過100％來自資產配置，因為選股和波段操作這種負和遊戲會拖累整體報酬率。你一定要把重點放在資產配置上！

了解自己

在資產配置決策中，風險忍受度扮演核心角色，成功的投資人擬定投資計劃時，會處理自己獨一無二的狀況與偏好。很多作家雖然承認財經世界裡缺少一體適用的解決之道，卻經常提出特別的資產配置建議或推薦。

艾利斯體認到普遍化的建議有其限制，因此推薦大家建立以股票為基礎的投資組合，事實上，艾利斯宣稱：「你年輕時，確實應該把所有投資，投入股票中。」確實如此，他建議大家建立分散投資全球市場的股票投資組合，我卻喜歡更多元化的方法，建議投資組合中，持有高比率的美國公債和美國抗通膨公債[1]。不過，最重要的，當然是能夠配合每位投資人風險忍受度的適當投資組合，艾利斯或我提議的普遍化投資組合並非最重要。

了解自己可以協助投資人，避免追逐贏家、懲罰輸家，進而有助於投資成功。艾利斯指出，投資人在選擇特定投資標的和決定資產配置時，經常買高賣低。

---

1. 台灣政府新發公債固定有2％提供小額投資人投資，投資人可在郵局，銀行、票券公司等處購得。

令人遺憾的故事

有一位非常著名的基金經理人，曾經創下連續十五年打敗標準普爾500指數（S&P 500）的紀錄，他的故事清楚說明了基金管理和投資人行為的問題[2] 他從1990年1月1日開始，到2005年12月31日為止，創下年度報酬率16.5％的紀錄，輕鬆地打敗標準普爾500指數11.5％的年度報酬率，到當時為止，一切都很好。

不幸的是，美好的一切，包括連續十五年的優勝紀錄，都會結束。從2006年初到2008年底，他創下負23.7％的年度報酬率，遠遠不如標準普爾500指數負8.4％的年度報酬率。十五年豐年和三年荒年加在一起，產生了8.6％的整體年度報酬率，僅略高於大盤7.9％的年度報酬率。

簡單的績效報告無法說明這些數字對投資人財富的衝擊。這檔基金開始創造絕佳的優異績效時，管理的資金只有8億美元，表示從開始就享受豐收之果的投資人相當少。十五年後，資產膨脹到197億美元，等於這檔基金在看好氣氛升到巔峰時刻，讓最高水位的投資資金蒙受風險。經過三年的差勁績效和投資人撤資後，資產萎縮到只剩下43億美元。

這檔基金在銷售文件和廣告中，利用簡單的時間加權報酬率，說明基金的績效略勝大盤，但是美元加權報酬率說明的情形

---

2. 這位經理人是美盛價值信託基金（Legg Mason Value Trust Fund）經理人比爾·米勒（Bill Miller）。

卻不一樣。考慮到投資人現金流量的因素後，美元加權年度報酬率比標準普爾500指數的績效落後7％。在包括連續十五年好運和三年霉運的十八年期間，曾經遠近馳名的基金經理人竟然造成客戶損失高達36億美元。

這位紅極一時後墜入深淵的基金經理人故事，凸顯了共同基金業的弊病。當情勢大好時，這家基金管理公司和媒體都追捧這位經理人，吸引投資者把注意力放在他致勝的策略上。投資人投入大量資金，投資在這位看來似乎所向無敵的選股專家身上，管理資產和績效同時升到高峰。但隨著績效惡化時，投資人跟著受苦受難，基金公司、媒體和大眾因而把注意力轉到別的地方，不理會這位落難英雄的難堪。這家基金公司賺到了錢，這位基金經理人也賺到了錢，投資人卻付出了慘痛的代價。

艾利斯其人其事

1980年代末期，我接掌管理耶魯校產基金的職務好幾年後，在巴爾的摩一場普信集團（T. Rowe Price）的投資人會議上，見到艾利斯。雖然我幾乎已經不記得那天發生的其他事情了——畢竟這是二十多年前的事情了——我卻清楚記得艾利斯告訴我們，他就讀的費艾中學（Phillips Exeter）、耶魯大學和哈佛大學都是他人生的重要轉捩點。當他談到他對教育的熱愛時，我知道自己必須認識他。

1992年，艾利斯加入耶魯大學的投資委員會，我的同事和我熱切地期待他將為我們的團隊帶來卓越貢獻。我們從來沒有失望過。艾利斯總是提出溫和的建議，經常加上極為精彩的故事（我們稱之為艾利斯的比喻）。艾利斯以迅速見效、影響深遠的方法，增進耶魯大學的利益。作為對他傑出服務的回報，1999年，艾利斯出任耶魯大學投資委員會主席。

　　1992年艾利斯加入投資委員會時，耶魯大學擁有的資金略低於30億美元；十六年後他退休時，耶魯大學的資產總值已經逼近230億美元。為了表彰艾利斯對耶魯大學投資基金的貢獻，投資部門的員工送他一份手寫的文件，文件用費艾中學的銀色、耶魯大學的藍色和哈佛大學的深紅色裝飾，當做我們對他的感謝與致意。

輸家遊戲如何變成贏家遊戲

　　如果你參加401（k）退休金帳戶計劃[1]，或是擁有個人退休帳
戶，你很可能需要別人幫忙決定你應該投資什麼、不應該投資什
麼。而這本精簡的書就是為你而寫的。

　　你也可能很忙，這本書寫得簡單扼要，就是基於這個原因。
你可能偏愛坦白、直接的文字——跟金錢有關的文字尤其如此。
我也一樣！

　　我很幸運，娶了一位十分完美、又善於啟發別人的女性，我
在美國出生，在名校受教育，我有幸跟我喜歡、崇拜和喜愛的父
母、子女和孫子女生活在一起，有幸擁有廣泛的朋友圈，我在過
去迅速成長與邁向全球化的半個世紀，從事投資管理工作，有著
令人極為滿足的職業生涯。

　　投資管理不但是極為有吸引力的專業，也是最受歡迎、極為
特別的行業，因為業界到處都是聰明、專心又有創意的人才。隨

---

1. 美國於1981年創立的退休金帳戶計劃。美國政府將相關規家明訂在國稅法第401（k）
條中，故也簡稱401K計劃。此計劃只適用於私人公司。計劃內容為求雇員定期提撥金
錢至個人退休帳戶，同時公司亦撥部分資金至雇員帳戶中，直到雇員離職。

著所有這些優勢而來的，是為別人服務的明確責任，這也是我寫這本書的原因。

看到吸引我進入投資天地的長期專業精神，逐漸向短期的商業精神屈服，我不免覺得憂心。看到傳統的「確定給付制」退休金制度，加速轉變成「確定提撥制」的401（k）退休金帳戶計劃，我更是覺得憂心忡忡。大部分的人並不知道怎麼處理自己的401（k）退休金帳戶，也不知道非常多的「資訊媒體」經常只是誤導大家的廣告而已，他們知道自己需要別人幫忙，卻不知道到哪裡求助，他們太忙，沒有時間「徹底了解這種計劃」，他們和你一樣，都有更重要的事情要做。

退休保障計劃已經出現重大變化。如果是固定退休金計劃，計劃贊助廠商必須負責做所有的投資決定，而且只要我們活著，福利給付就會直接發給我們。401（k）退休金帳戶計劃不一樣，個人在做最重要的投資決定時，必須獨立自主，還要甘冒生前把錢花光、老年貧苦無依的可怕風險。自我管理的「退休保障」對某些人是好事，對大部分人卻沒有幫助——除非他們得到協助，根據一些成功的核心規則，採取明智行動。這就是為什麼你會發現本書直截了當的說法，可以節省你的時間和金錢，讓你免於憂愁不安。

股票市場已經出現巨幅變化，為散戶帶來無法克服的問題，本書第1章〈輸家遊戲〉會說明這種驚人的變化。遵循「發現問題，解決問題」的傳統，我撰寫本書的目的就是，希望每一位讀

者都能夠在財務安全的問題上，達成自己的目標：了解自己所面對的現實狀況，知道如何採取適當的行動，把輸家遊戲變成贏家遊戲，讓每一位明智的投資人，都能夠變成長期贏家。

邱吉爾說得好：「大家都愛贏的感覺！」我們全都喜歡在投資方面獲勝，而且我們全都可以獲勝——如果我們知道自己的真正目標、擬定明智的策略、長期堅持下去，好讓市場幫我們忙，而不是幫倒忙，那麼我們全都可以用成本較低、風險較少、花費的時間與精力較少的方式，贏得勝利。

將近五十年來，我跟世界各國的實務與理論專家請益、學習，設法收集、融會以及盡量清楚、簡單地說明成功投資的原則。雖然我日漸覺得極多細節既不知道，也無法知道，卻覺得越來越有信心，認為**對於希望贏得輸家遊戲、又有必要自律的散戶來說，本書中的簡單訊息現在是成功的關鍵，未來五十年也是成功的關鍵。**

成功投資的核心原則絕不會改變——將來也永遠不會改變。事實上，當核心原則受到短期資料最嚴厲挑戰時，正是這些原則最重要、最有需要的時刻。企業、市場和經濟狀況的確起伏不定，但是核心原則始終如一。這就是為什麼你看這本書時，會知道如果你要投資成功，你真正需要知道的一切盡在本書中。

Chapter 1

輸家遊戲

正是因為投資機構的數目極多，能力高強、決心為客戶做好投資管理，投資才會變成輸家遊戲。

　　績效評比機構的電腦不斷送出令人失望的資料，一再用事實與數字，告訴我們大多數共同基金績效不佳，並不能打敗大盤。退休基金和校產基金也面臨同樣殘酷的現實。即使他們偶有佳作，偶爾創造績效高於平均水準的期間，燃起大家的希望，但通常這種期望會很快地幻滅。投資經理人清楚表明，他們的目標是要勝過大盤指數，然而實際情形卻正好相反，他們無法打敗大盤，大盤反而打敗了他們。

　　大家面對和自己的信念衝突的資訊時，通常會有兩種反應。有些人會忽略新知識，堅持自己原有的信念；有些人會接受新資訊的正確性，在認知現實狀況時，把新知識納入考慮、拿來應用。大部分投資經理人和散戶因為處在長期不變的否定狀態中，故步自封，在市場環境歷經變遷的時代，依然堅持一套浪漫主義

的信念，事實證明，他們有關「投資機會」的浪漫觀點代價高昂。

　　從傳統來看，投資管理一向以一種單一的核心信念為基礎，這種信念就是「投資人可以打敗市場、超級經理人一定會打敗大盤」。時間已經為市場帶來極大的改變，以至於這種前提變得不切實際：以整數計算，一年期間，有60％的共同基金表現輸給大盤（請參閱圖1‧1與圖1‧2）；十年期間，有70％的基金表現不如大盤；二十年期間，大約80％的基金會敗給基金所選定的基準指數。

　　如果可能打敗大盤的前提正確無誤，那麼決定如何創造這種成就，就會變成直截了當的邏輯問題。

　　首先，因為我們可以用道瓊威爾夏5000指數[1]之類的公開標準，代表整個市場，成功的經理人只需要用比「愚蠢」指數更能夠創造獲利的方式，重新調整自己的投資組合就夠了。經理人可以採用不同的適當選股方法、策略性強調特定類股、從事波段操作，或是混合採用這些策略，就可以達成目的。

　　第二，因為積極管理型經理人希望儘量做出最多「正確的」決定，因此一定會招募一群天資聰明、教育良好、雄心勃勃、工作勤奮的專家，大家互助合作，一心一意找出價格低估的股票買進、賣出價格高估的股票，靠著跟群眾精明的對作，就可以打敗大盤。

　　不幸的是，大部分機構投資人可以打敗市場的基本假設錯

---

1. Dow Jones Wilshire 5000 Total Stock Market Index，代表了5000檔在美國公開交易的股票，包括紐約證券交易所所有的股票、大部分在納斯達克或美國證券交易所的股票。

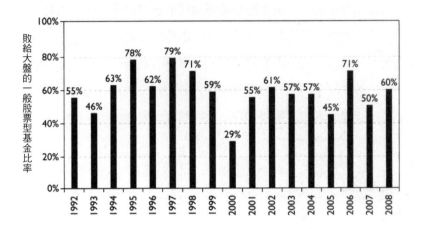

圖1‧1

大多數年度裡，大部分股票型基金都遭到市場擊敗

敗給大盤的一般股票型基金比率

圖1‧2

**任何10年期間，只有32%的共同基金績效，
勝過標準普爾500股價指數**

基金比率

誤。因為今天投資機構就是市場。交易所的所有交易中，超過95％由投資機構操作，投資機構操作盤外和衍生性金融商品交易的比率甚至更高。**正是因為投資機構的數目極多，能力高強、決心為客戶做好投資管理，投資才會變成輸家遊戲**。投資專家雖然聰明、勤奮，但是以整體而言，卻無法打敗自己。事實上，因為積極管理成本的關係，投資經理人必須付出各種費用、手續費、巨額交易的市場衝擊成本等，投資績效一定會敗給整體市場，而且將來會繼續如此。

獨立投資的散戶表現更差——一般而言，散戶的績效差多了（當日沖銷是其中最糟糕的事情，是傻瓜的遊戲，千萬別做這種事）。

分析機構投資從贏家遊戲變成輸家遊戲的原因前，請想一想兩種遊戲之間的重大差異。在贏家遊戲中，結果由贏家的正確行動決定；在輸家遊戲中，結果由輸家的錯誤決定。

賽門‧藍莫（Simon Ramo）博士是科學家，也是精密電子公司（TRW）創辦人之一，他在探討賽局策略的傑作《網球庸手的高超打法》（*Extraordinary Tennis for the Ordinary Tennis Player*）中，指出贏家遊戲與輸家遊戲的重大差異。藍莫博士經過多年觀察後發現，網球不是一種賽局，而是兩種賽局：一種是職業球員和非常少數天生業餘好手的賽局；另一種是包括我們在內的所有其他人玩的賽局。

雖然兩種賽局中的球員都採用相同的設備、服裝、規則和計

分方式，而且兩種球員都遵循相同的禮儀和習慣，兩種球員的打法卻大不相同。藍莫經過深入的統計分析後，用「職業球員想辦法得分；業餘球員想辦法不失分」摘要說明這種情況。

職業球員打網球時，最後的結果由贏家的行動決定。職業網球員像雷射一樣精準，大力擊球，經歷漫長而且經常激烈的反覆對打，到其中一位球員能夠把球打到對手救不到、或是迫使對手犯錯為止。通常職業球員很少犯錯。

藍莫發現，業餘球員幾乎完全不同，業餘球員很少打敗對手，而是打敗自己。實際結果由輸家決定。輸家打球時，高明的發球、漫長而刺激的對打和看來神奇的救球很少，而且間隔的時間很久，球打到網上或出界的次數太頻繁了，發球連續兩次失誤也很常見。我們不應該設法增加發球的力量，或是把球打得更接近邊線來贏球，而是應該集中精神，持續不斷地把球打回去，好讓對手得到每一個「犯錯的機會」。這種網球賽局的贏家會得到比較高的分數，是因為**對手失分更多**。

科學家兼統計學家的藍莫採用巧妙的方法，測試自己的假設。他不採用傳統的15-0、15平、30-15之類的計分方式，而是計算得分和失分。他發現在職業球員的網球比賽中，大約80％的分數是得分；在業餘球員的球賽中，大約80％的分數是失分。

這兩種打法截然不同，職業網球比賽是贏家遊戲，結果由贏家的行動決定；業餘網球賽是輸家遊戲，結果由輸家的行動決定，輸家是自己打敗自己。

著名的軍事史專家海軍上將薩姆爾・莫里森（Samuel Elliot Morison）在其論著《戰略與妥協》（*Strategy and Compromise*）中，提出類似的重點：「在戰爭中，犯錯勢所難免，軍事決策經常是以對敵人力量與意圖的評估為基礎，也以情報為基礎，評估經常錯誤，情報一向都不完整，還經常造成誤導。」莫里森的結論是：「其他條件相同時，犯最少戰略錯誤的一方會贏得戰爭。」

　　戰爭是終極的輸家遊戲，業餘高爾夫是另一種。湯米・艾穆爾（Tommy Armour）在大作《如何隨時打出最高水準的高爾夫》（*How to Play Your Best Golf All the Time*）中說：「贏球最好的方法，是儘量減少差勁的發球。」所有在週末才打高爾夫球的人應該會同意他的說法。

　　還有很多種輸家遊戲，例如機構投資原本是贏家遊戲，但是隨著時間過去，已經變成輸家遊戲。九十年前，只有非常大膽、運動神經發達、意志堅強、眼力敏銳的年輕人，才有勇氣嘗試開飛機。在那種輝煌的歲月裡，飛行是贏家遊戲。但是時代已經改變了，如果今天你搭乘波音七四七噴射客機，看到駕駛員上飛機時，脖子上圍著長長的白絲巾，你一定會下飛機。這種人已經不屬於飛機，因為今天的飛行是輸家遊戲，只需遵守一個簡單規則，就是不犯任何錯誤。

　　贏家遊戲經常自我毀滅，因為贏家遊戲會吸引太多的參與者，所有參與者都希望獲勝（這就是為什麼淘金潮會慘烈收場的原因）。幾十年來，我們稱為投資管理的「金錢遊戲」已經發生變

化，從贏家遊戲變成輸家遊戲，原因在於投資環境已經出現根本的變化：市場變成由努力求勝、希望打敗大盤的投資機構主導。積極管理型投資經理人不再跟過度小心的保管機構[2]競爭，也不再跟過度自信、與快速波動市場脫節的業餘投資人競爭，現在投資經理人在輸家的遊戲中，跟其他勤奮的投資專家競爭，「獲勝」的祕密是虧損比別人少。核心問題很清楚！專業投資經理人構成的團體極為高明，以至於任何一位專家，幾乎不可能打敗由他們共同主導的市場。

今天的金錢遊戲中，有一大堆可怕的競爭對手。每一天裡，幾萬家避險基金、共同基金、退休基金和其他基金構成的投資機構，全天候在市場上操作，形成最激烈的競爭。五十家最大、最積極的投資機構中，連最小的一家，一年通常都要支出一億美元，向紐約、倫敦、法蘭克福、東京、香港和新加坡的主要經紀商、自營商購買服務。可想而知，這些可怕的對手總是「最先得到」重要的新資訊。因此，散戶每一次買賣時，「其他人」幾乎總是擁有完整經驗、資訊、電腦與分析資源的龐大投資機構專家。

這些專家厲害之至！他們念大學和研究所時，都以最優異的成績畢業，他們是「最高明、最聰明」的專家，紀律嚴明、理性十足，又得到成千上萬分析師供應的特殊資訊，分析師則十分主動、勤奮工作、很有競爭力，所有的人都一心求勝。的確，專家會犯錯，但是其他專家總是在注意錯誤，乘機全力出擊。重要的投資新

2. 指任何經核准開辦有價證券保管業務之金融機構，目前多由商業銀行信託部辦理。

機會根本不常出現，而罕有的投資良機一定不會沉寂太久（在物理學、社會學和投資中，回歸平均數的趨勢，也就是行為會趨向「正常」或普通水準的趨勢，是持續一貫且強而有力的現象）。有些基金能夠在任何一年裡打敗大盤，有些基金在十年期間可以打敗大盤，但長期紀錄顯示，很少有基金能夠持續打敗大盤指數，也沒有人能想出方法，可以在事前看出哪些基金會有優異表現。

這種新遊戲規則的關鍵問題在於：積極管理型共同基金經理人必須多高明，才能至少收回基金管理的成本？答案令人望之生畏。我們假設基金投資組合的周轉率為100％（意思是基金經理人在一年內，更新其基金組合內持股的次數不限），交易總成本（手續費加上巨額交易對市場價格的衝擊）為買進1％，賣出1％（也是一般的費率），加上1.25％的共同基金費用支出，這麼一來，一般基金的年度營運成本就是3.25％。[3]

積極型經理人必須克服大約占3.25％的年度營運成本負擔，所以基金經理人如果想要追平9％的市場歷史報酬率，必須在扣除所有成本前，獲得12.25％的報酬率。換句話說，光是要創造追平大盤的績效，積極管理型基金經理人的操作績效，就必須創造高

---

3. 不只是經紀商手續費和交易價差應該納入交易成本。要說明交易成本過高，最好的方法是比較「紙上」投資組合的理論性操作績效，和「投入真正資金」投資組合的實際成績。專家會告訴你，其中的差異極大；此外，還有另一種交易成本──就是不明智地買進你原本不應該購買的股票，你無法「確定」是否能隨時出脫持股，因為市場看來流動性極高。這種情形是真正的流動性陷阱。想一想，要是大家確定自己一定會被抓包，那麼在高速公路上或在臥房裡的行為會有多大的不同。投資也是這樣：你並非總是會被抓包，也不是沒有被抓包的可能性。以上這些成本都是交易總成本的一部分。

於市場報酬率三分之一或34.1％的成績！[4]

在投資專家主導的市場中，競爭十分激烈、消息快速流通，而專家仍不斷尋找任何機會，因此要創造優異的成績極為困難。這就是赤裸裸的現實，也是大多數基金經理人和客戶一直無法從金錢遊戲中勝出的原因。經理人和客戶長期敗給大盤，因此，**說「我是贏家、我會從金錢遊戲中勝出」的人，應該負舉證責任。**

經理人要打敗其他投資專家，必須技巧高明、行動迅速，才能抓住其他專家所犯的錯誤——還要比其他專家更快速且有系統地利用這些錯誤（連專家都會犯集體錯誤，尤其是在市場漲到巔峰時，完全投資在市場中，或是共同選擇投資網路股。專家犯個別錯誤時，必須快速改正錯誤，否則就會看到其他專業競爭對手，快速利用和改正這些錯誤）。

對專家來說，投資會變成輸家遊戲，原因在於他們努力打敗大盤的做法，已經不再是整個方程式中最重要的一環；他們本身才是現在問題中最重要的一環。我們在賽局理論中學到，每一個參與者的策略，應該納入對其他參與者策略與行為的了解與預期。在每一位投資經理人設法解決的複雜問題中，投資經理人努力尋找解決方法、因應眾多意志堅定的競爭對手，已經變成積極管理型經理人必須面對的主要不利變數。

管理大師彼得·杜拉克曾經做過極為明智的解釋：有效能的

---

4. 這點凸顯波克夏公司的股神巴菲特，和耶魯大學投資長史文森的超高績效更令人歎為觀止。

工作表示知道怎麼用正確的方法做事，但是有效率的做事表示做正確的事情。既然大多數投資經理人無法打敗大盤，投資人至少應該考慮投資在複製大盤的「指數型基金」上，然後永遠不會遭到大盤打敗。**指數化可能不有趣、也不刺激，卻很有效**。績效評比機構的資料顯示，長期而言，指數型基金的投資成果勝過大多數投資經理人。

對大多數投資人來說，最難的地方不是想出最適當的投資政策，而是堅決遵循健全的投資政策，熬過多頭和空頭市場，像英國政治家迪斯雷利（Disraeli）所說的「貫徹目標」。在市場高峰或谷底時，要維持對市場的長期關注極為困難，在這兩種極端的市況中，情緒波動會很強烈，市場會迫切要你改變，而且眼前的「事實」也讓你無法忽視。要在情緒化的環境中維持理性不容易。無論市況好壞，堅持健全的政策很困難，也很重要。這就是投資人從發展和堅持健全投資政策與做法中，可以得到好處的原因。不能持之以恆的代價可能非常高昂。

投資顧問的專業要務是協助每一位客戶，辨認、了解和堅定執行長期投資目標。投資目標必須在資本市場中合乎現實，又符合特定投資人的真正目標。投資顧問能協助投資人做出正確選擇。

積極型投資經理人的成績這麼差勁，不是他們的錯。五十年來，他們操作的競爭環境已經劇烈變化，市場從對他們相當有利，變成對他們非常不利——而且極多擁有特殊能力、又能夠得到資訊的聰明人不斷加入競爭行列，使競爭環境變得越來越惡劣。

檢討投資氣候的眾多重大變化前，我們必須提醒自己，**積極型投資永遠是負和遊戲**。投資人之間的投資交易本身是零和遊戲，但是必須扣除管理費和其他費用的龐大成本，也必須扣掉手續費和市場衝擊成本。這些成本加總起來，每年都高達數十億美元，結果積極型投資變成嚴重的負和遊戲

想利用積極型投資，創造高於一般水準的成績，你必須利用別人的錯誤和疏忽，別人必須表現得像樂於虧損，以便你付出所有操作成本後還可以獲利。在1960年代，投資機構交易只占公開交易的10％，散戶占公開交易的90％，實際上，大量的散戶注定會輸給專家。

越是想尋找積極型超級經理人，投資人越會覺得洩氣，因為過去創造優異績效的經理人，未來不太可能創造優異成績。在投資績效方面，過去不是未來的序幕，只有一種悲慘的情況是例外，就是過去一再創造差勁績效的經理人，未來也不可能令人跌破眼鏡，創造出優異績效。

令人振奮的是，如果大多數投資人繼續設法玩打敗大盤的輸家遊戲，他們注定會虧損，而知道這個事實的每一位投資人都可能變成長期贏家。想變成長期贏家，你必須專心一致，訂定務實的長期目標，遵循能夠讓你達成特定目標的合理投資政策，發揮自律、堅忍不拔的精神，培養耐心來貫徹投資計劃。本書要探討的就是這件事：重新界定投資人的真正目標，並說明每一個人如何參與真正的贏家遊戲，並樂在其中。

Chapter 2
贏家遊戲

今天的股市再也不是祖父時代的股市了，以至於對大多數投資人來說，打敗大盤這類目標就顯得不切實際。

　　每一個人都希望投資成功，千百萬個投資人都希望靠著投資，確保自己退休後的生活安定，提供子女教育基金，或是享受更好的生活。學校、醫院、博物館和大學都依賴成功的投資，完成自己的重要任務。一旦投資專家協助投資人達成務實的長期目標，投資管理這行可說是高貴的行業。

　　然而，長期累積的證據卻迫使大家承認：投資人承受嚴重的虧損。一部分原因是投資人犯了錯誤，但是並非只有投資人犯錯，投資專家必須承認真正的錯誤大都不是客戶的錯誤，而是他們自己的錯誤。還好，他們可以改變做法 —— 而且應該改變做法——以確保客戶和投資經理人本身，都能夠把投資變成真正的贏家遊戲。

　　投資管理領域雖然極為複雜，其實只是由兩大部分構成，一

部分是專業——盡力為客戶做到最好；另一部分是事業——盡力為投資管理業者做到最好。投資管理像法律、醫療、建築和管理顧問之類的專業一樣，專業價值和事業經營之間持續不斷的競爭，投資公司要留住客戶的信任、維持事業的生存，在這兩方面都必須做得很成功，長期而言，後者要依賴前者。不幸的是，投資管理和很多其他專業有一項差異：就是無法平衡這兩方面，優先注重專業價值與責任，把事業目標當成第二優先。

投資公司要平衡專業價值和事業經營，必須強調投資諮詢，協助客戶把精神放在獲勝機率高、而且值得獲勝的遊戲上。幸運的是，就長期而言，有助於滿足專業目標的事情，也有助於投資公司的事業，因為滿足客戶的需要總是良好的事業。

投資專業雖然像所有專家必須努力學習的專業一樣，有許多特別困難的層面，需要絕佳的技巧處理，複雜程度幾乎每天都在增加。但其實投資專業只由兩大部分組成，其中一部分越來越困難，必須設法結合具有豐富想像力的研究和精明的投資組合管理，創造優異投資績效，打敗不斷增加、目前主導市場，集體制定證券價格的投資專家。「打敗大盤」的競爭雖然很有趣、令人十分興奮，但是現在要達成目標卻變得極為困難。大部分投資人沒有打敗大盤，反而是遭到大盤打敗。

困難度並非總是和重要性相稱（事實證明，在醫學中，簡單的洗手在挽救生命方面的重要性，僅次於盤尼西林）。投資專家所能夠做的最有價值的事情就是**投資諮詢**，這也是困難度最低的工作。

有經驗的專家可以協助每一位客戶周詳思考，決定合理的投資計劃，讓客戶盡可能達成務實的長期目標。同時專家可以協助客戶，將風險控制在可容忍的範圍內，像是所得變動、市值變化或流動性限制的風險控制。在市場充滿激情、充滿「這次不一樣」的思維，或者充斥令人不安的威脅時，可以協助客戶遵循合理的投資計劃。要做好投資顧問這種工作既不簡單、也不容易，但是比做好投資管理容易多了，投資專家有了新工具幫忙後[1]，投資顧問的工作變得越來越容易，但是創造投資績效的投資卻變得越來越難。

相當諷刺的是，獻身於投資管理的人，在無意之中，為自己製造了三個問題。其中兩個問題是後果嚴重的作為失誤（errors of commission），第三個問題是更嚴重的遺漏失誤（error of omission）。第一種錯誤是面對客戶和潛在客戶時，把專業任務錯誤地定義為「打敗大盤」。五十年前，接納這種定義的人相當有機會成功，但是這種日子早已過去，在今天這種競爭激烈的證券市場中，長期而言，連操作績效勝過大盤指數1%的積極型經理人都少之又少，大部分經理人都無法達成目標，就規模大小而言，績效不如大盤的經理人遠超過績效勝過大盤的經理人。此外，要看出少數未來的「贏家」經理人極為困難[2]，過去一度是「市場領袖」的經理人未來的失敗率很高[3]。

---

1. 例如金融引擎（Financial Engines）與市場騎士（MarketRiders）之類的金融服務網站。
2. 連長期觀察投資績效的人，在設法評估投資經理人的績效紀錄時，都很難區隔運氣的影響和經理人技巧之間的差別。

今天的股市再也不是祖父時代的股市了，真正大規模的變化已經徹底改造市場和投資管理，以至於對大多數投資人來說，打敗大盤這類目標就顯得不切實際，而且越來越多的投資人慢慢承認這件事實。以下是過去五十年來，合力把積極型投資變成輸家遊戲的一些變化：

- 紐約證券交易所成交量成長二千倍以上——每日成交量從大約200萬股，增為超過50億股。其他世界各地主要交易所的成交量也出現類似變化。

- 投資人結構已經出現重大變化——過去紐約證券交易所的成交量中，有90％是散戶交易，現在卻有90％是機構法人之間的交易。只要有長遠記憶的人都會告訴你，今天的機構法人比當年更大、更精明、更厲害，行動也快得多了。

- 衍生性金融商品的成交值從零，成長到超過「現股」市場的成交值——而且幾乎所有成交值都是機構法人之間的交易。

- 將近12萬個分析師取得美國財務分析師執照——五十年前一個都沒有；另外還有20萬人正在考財務分析師執照。

- 《公平揭露法》之類的法規，已經把企業提供的大部分投資機會「商品化」。

---

3. 格林威治公司（Greenwich Associates）的年度研究報告顯示，四十年前，為美國退休基金服務的二十大最優秀投資經理人中，只有一位目前還在二十大優秀經理人名單中。三十年前，英國二十大最優秀投資經理人中，只有兩位現在還在最優秀經理人名單中。

- 程式交易、電腦模型和很多創新的「量化交易專家」，現在全都是強而有力的市場參與者。
- 全球化、避險基金和私募基金全都變成推動改變的主力。
- 彭博資訊之類的業者、網際網路、電子郵件等創造了全球通訊科技革命，投資人現在的確變成「當我們同在一起」。
- 大券商的投資研究報告提供巨量的有用資訊，幾乎在片刻之間透過網際網路傳到全世界，傳給在反應快速的決策機構裡幾萬個分析師和基金經理人。

因為眾多變化的關係，股市——也是世界最大、最活躍的「預測市場」——的效率，已經變得越來越高。要打敗精明、勤奮專家已經變得越來越難，他們決定市場行情，既擁有完整資訊，又有運算能力和經驗。任何投資人在扣除成本和管理費後，要打敗大盤已不容易。

令人難過的是，大部分和「績效」有關的描述，甚至沒有提到所有投資中最重要的風險因素，我們必須想到，表現比大盤差勁的「輸家」，比表現勝過大盤的贏家，幾乎多出兩倍[4]。績效資料也沒有配合稅負因素調整，尤其現在短期資本利得的高稅負，伴隨周轉率超過100%的新常態基金周轉率[5]。基金績效報告通常

---

4. 在機構法人投資組合平均年度周轉率為100%、持有六十至九十種不同部位的情況下，比較績效時，通常是跟他們的「基準指數」相比，以至於他們幾乎不能忍受「績效差勁」的期間——可想而知，投資經理人光是為了追平市場，就要承受很大的壓力，要超越眾多技巧高明的競爭者，壓力就更大了。

是以時間加權的方式，而非以價值加權的方式呈現，因此基金報告呈現的資料沒有說明投資人的真正經驗，只能顯示投資人的實際現金價值加權紀錄，這樣不是很好的說明。

還有一件事情令人難受，就是看到散戶和投資機構，在自己的投資經理人創造幾年差勁的績效後，轉而投資近期創造「極佳」紀錄的經理人，讓自己陷入另一回合買高賣低的痛苦中，損失所購買基金三分之一左右的實際長期報酬率，因而產生怨恨（自己積極管理投資的散戶績效更差勁，是眾所周知的事情）。不幸的是，這種代價高昂的行為受到基金管理公司的鼓勵，因為基金公司希望增加營業收入，打廣告時，把重點放在最近經理人選定績效優異的基金上，使良好的成績看起來更「優異」（有些基金經理人管理幾百檔不同的基金，顯然至少可以從中選出一些「有紀錄可循的贏家基金」）。

大家都知道，散戶投資人選擇基金經理人時，都以過去的績效為準，即使共同基金的研究報告呈現出過去紀錄裡十次中的九次衰退，未來的表現事實上還是隨機的（只有一種衰退的過去紀錄具有預測價值，就是表現最差勁的紀錄或是第十次的紀錄——原因顯然是因為基金費用高昂，而且長期表現不佳，一再衝擊基金經理人的成績）。這種情形會帶來悲慘的結果，促使機

---

5. 機構基金經理人經常——的確是過於頻繁的——採用欺騙手法，對客戶和潛在客戶，陳述包括費用總額在內的績效資料，而不是像所有共同基金一樣，說明扣除費用總額後的淨績效資料。美國財務分析師協會多年來一直主張改革和處理這個問題。

構與散戶一再於基金創造最好績效後買進，而在績效最差勁的日子結束後賣出，這種行為的代價高昂[6]。

第一種作為失誤會帶來悲慘的現實狀況，就是投資管理業者繼續推銷在大部分情況下沒有打敗大盤的基金，也推銷在實際情況下將來也不會優於大盤的基金。

如果投資顧問業者能贏得客戶的信任和信心，所增加的長期投資報酬率，會遠超過基金經理人希望創造的報酬率。這種做法不是「短期」的解決之道：有效的投資諮商要花時間、要了解市場、投資和投資人的複雜特性，還要勤奮工作。但是業者可以做到有效的投資諮商，而且可以一再地做好有效的投資諮商。成功的投資顧問會協助每一位客戶了解投資的風險，制定務實的投資目標，對儲蓄與花費抱持務實的態度，選擇適當的資產類別，適當的配置客戶的資產，最重要的是，不會對市場的高峰或底谷過度反應。投資顧問業者可以協助客戶堅持到底，維持長期觀點，方法是協助客戶，了解每一種類型的投資長期可以創造什麼績效，了解可以預測卻令人不安的市場動盪，確信合理的長期投資成果會報答客戶的耐心與毅力。

第二種作為失誤使投資專業的價值，變成逐漸由投資企業的

6.機構投資人很可能會問：「怎麼可能？我們的投資顧問在說明會上，不是說他們推薦的經理人經常打敗基準指數嗎？難道他們的經理人在調整過風險因素後，還沒有賺到高於市場的報酬率？」，對於抱持希望的人來說不幸的是，資料顯示很多投資顧問都有問題。只要消除傳統「資料」中的兩項偏誤──回溯偏誤與生存偏誤──投資顧問監督的經理人紀錄經常下修，從「優於大盤」的表象，變成「劣於大盤」的現實，連精明的大型機構都應該要知道是誰在監督看門人。

經濟因素主導。這種情形至少可能使受到投資管理業吸引、才氣十足又有競爭力的人在有意、無意之間，變成極為習於投資企業超高的經濟報酬，以至於不再質疑可能破壞這種情況的問題，不再質疑跟他們盡最大力量所創造真正價值有關的問題——問題是他們知道自己特別能幹、又極為勤奮工作時，更是如此。我們看一看過去五十年來，投資管理業獲利能力多方提高的情況：

- 管理資產成長了十倍，成長只有偶爾一見的短暫停頓。
- 管理費占資產的比率提高五倍以上。

這兩種狀況結合在一起的力量極為龐大，促使業者的利潤強勁成長，結果是：

- 個人薪酬待遇增加將近十倍。
- 企業市值極度飆高。

投資管理公司壯大後，企業型經理人逐漸取代投資專家，出任高階領導階層，成為司空見慣的事情，企業紀律逐漸主導舊有的專業紀律，也變得絲毫不足為奇。企業紀律把重點放在具有強烈企圖心、希望提高獲利的人身上，要提高獲利，最好的方法是加強「累積管理資產」——其實投資專家都知道，資產擴大通常對投資績效不利，業務掛帥一定對投資專業不利。

名叫遺漏失誤的第三種錯誤特別令人困擾：就是看不出自己的專業機會在於提供有效的投資建議[7]。可想而知，大多數投資人不是現代投資專家，很多投資人需要別人幫忙，對於能夠得到投資專家的最佳專業思考和判斷，所有投資人都會十分感激。投資人需要務實了解不同投資項目的長期和短期展望——首先要了解的是風險和波動性，其次要了解的是投資報酬率——這樣投資人才會知道要預期什麼，才會知道怎麼決定自己的策略性投資組合和投資政策。

然而，還有一件事情更重要，大多數投資人在培養平衡、客觀的自我了解；培養對自己所處狀況的了解方面，需要專家的協助：這些事情包括他們的投資知識與技巧；他們對資產、所得與流動性中所含風險的忍受度；他們的財務和心理需要；他們的財力；他們的財務目標和長短期債務等。投資人必須知道他們最希望處理和解決的問題不是打敗大盤。這些種種因素結合起來，形成了投資人本身特有的現實狀況。

所有投資人都有一些相同的地方，但是大不相同的地方卻更多。所有投資人相同的地方在於他們全都擁有很多選擇，而且可以自由選擇，他們的選擇很重要，而且他們全都希望創造優異績效，

---

7. 投資人大規模利用投資顧問，清楚的指出這種現象，投資顧問業這種次級行業會成長，目的就是要填補投資經理人留下來的投資諮詢真空。很多投資顧問和投資人客戶見面時，提供的投資建議極為「雷同」，把重點放在買進和賣出哪些投資經理人操盤的基金，而且投資顧問公司員工的真正優先任務是安撫客戶，以便維持本身業務規模的情形實在太常見了。

希望避免造成傷害。同時，所有投資人有很多不同的地方：資產、所得、支出、債務、期望、投資時間架構、投資技巧、風險和不確定性的忍受度、市場經驗和財務責任。在差異這麼多的情況下，大多數投資人（包括散戶和投資機構）都需要別人的協助。

在美國的滑雪勝地維爾（Vail）和艾斯本（Aspen），成千上萬滑雪的人都度過一段美好時光，原因之一是景色很優美，原因之二是雪量充沛，滑雪坡道整理得很好，但是主要原因是每一位滑雪的人都選擇了標示清楚，最適於自己技巧、力量和興趣的滑雪道。有些人喜歡坡度十分平緩的「兔寶寶雪坡」，有些人喜歡帶有低度挑戰性的中級雪坡，有些人比較厲害，希望嘗試的坡道，是連資深滑雪者都覺得困難的雪坡。當每一位滑雪的人選擇適合自己的滑雪道，用適於自己的速度在滑雪道上滑雪時，每一個人都很高興，所有的人都是贏家。

同樣的，如果投資人在投資專家的指導下，採用的投資計劃適於投資人的投資技巧和經驗、適於投資人財務狀況，也適於個人對風險與不確定性忍受度，那麼大多數投資人都可以利用自己的投資技巧和資源，配合自己的投資計劃，定期達成自己務實的長期目標。這就是投資顧問最重要的基本工作。

Chapter 3

為什麼打敗大盤不可能？

能夠打敗大盤的投資人寥寥可數，原因不是這些人技巧不足，也不是不夠努力，而是……

　　經過市場風險調整後，積極型投資經理人打敗大盤的唯一方法，是發現和利用其他積極型投資人的錯誤。

　　理論上，投資人當然可能打敗大盤，而且很多投資人偶爾也打敗過大盤。然而，能夠打敗其他投資人的人非常少見，能夠創造這種成就的次數經常不夠頻繁，不足以長期持續一貫地打敗大盤，尤其是在付出「參與遊戲」的所有成本，包括租稅成本後，更是如此。諷刺的是，能夠打敗大盤的投資人寥寥可數，原因不是這些人技巧不足，也不是不夠努力，而是因為市場極度受到投資專家主導，這些專家都極為能幹，消息極為靈通，而且隨時隨地都極為勤奮工作。

　　理論上，積極型投資經理人可以嘗試用下列四種投資方法，追求成功：

- 波段操作。
- 選擇特定股票或類股。
- 及時改變資產配置或投資策略。
- 發展和實施高人一等的長期投資觀念或哲學。

即使是最不常觀察市場和股票的人，看到明顯勝過「平均績效」的眾多誘人機會，都會怦然心動。大盤、主流類股和個股股價走勢圖的變化，會造成一種假象：「明白」顯示積極型投資人一定能夠創造更優異的表現。畢竟我們親眼看過在運動、戲劇和醫藥等眾多領域中，真正的明星持續創造出比一般人優異的成績，因此為什麼投資領域中不能這樣呢？**為什麼大多數的投資經理人無法持續一貫地勝過大盤指數？為什麼打敗大盤如此困難？**下面我們要好好研究一下。

要提高潛在的報酬率，最大膽的方法是透過波段操作。典型的「波段操作專家」會在市場中頻繁進出、追漲殺跌，以便在行情上升時，完全投資股市，在價格嚴重下跌時，大舉退出市場。另一種波段操作的方式是，掌握類股輪動的機會：賣出預期表現會不如大盤的類股，投入預期會勝過大盤的類股。

但是請記住：每次你決定退出或投入股市時，跟你交易的投資人都是專家，專家當然不見得總是正確，但是你到底多有信心，認定自己經常比大多數專家更正確？此外，波段操作的每一筆交易都會產生交易成本，除非你管理的是避稅退休帳戶，否則

你每一次獲利，都必須繳稅。事實一再證明，波段操作的「好處」都是幻象，成本卻很實際，而且會持續不斷地累積。

投資歷史明確告訴我們：市場回升最初幾周內所創造的漲幅，占最終全部漲勢的一大部分。但是波段操作專家卻在重要的市場底部，最可能退出市場，因此錯過了最大比率的漲幅。

波段操作專家投資債券時，希望在利率下跌拉抬長期債券價格前，轉進到期日比較長的債券，在利率上升打壓長債價格時，轉進到期日比較短的債券。在平衡型投資組合中，波段操作專家在股票創造的總報酬率高於債券時，會提高股票投資的比率，然後在債券創造的總報酬率高於股票時，轉進債券，之後在短期投資標的創造的總報酬率高於債券或股票時，會投入短期投資標的。不幸的是，一般而言，這種行動根本行不通，波段操作專家越努力嘗試，失敗的可能性越高。

波段操作行不通，是因為沒有一位經理人能夠持續一貫、一再地比跟他競爭的專家精明、有遠見。此外，大部分的股市波動都在非常短的期間內發生，在投資人最可能受到傳統共識束縛時發生。一位經驗豐富的專業人士坦白的感歎之詞，或許最能說出波段操作的困難，他說：「我看過很多有意思的波段操作方法，而且我在四十年的投資生涯中，試過其中大部分的方法，這些方法之前可能非常奏效，但是，沒有一個方法能夠幫得上我的忙，一個都沒有！」

就像有「老」飛行員，也有「大膽」的飛行員，卻沒有「大

膽的老」飛行員一樣，也「沒有」靠波段操作一再成功的投資人。基於貪婪或恐懼做成的決定往往是錯誤的、為時已晚的，或是不太可能補救的。一般說來，無論投資人退出市場或留在市場裡，市場的表現都一樣好，因此，投資人如果有一部分時間退出市場時，和簡單的買進長抱策略相比，一定會虧錢。聰明的投資人甚至不會考慮「低買高賣」來猜透市場或勝過眾多專家。

圖3‧1中的二十八年紀錄顯示：去掉市場表現最好的交易日後，長期複合報酬率會有什麼變化。拿掉表現最好的十個交易日——占這麼長評估期間的比率不到0.25％——平均投資報酬率就會降低22％（從11.1％降為8.6％）。拿掉次佳的十天後，投資報酬率會再降低20％；拿掉最好的三十天後——只占整個期間的0.5％而已——報酬率會降低50％以上，從11.1％，降為5.5％。圖3‧2顯示，拿掉表現最好的年份，你投資的報酬會有多大的差異。

用標準普爾500指數的平均報酬率作為衡量依據，就可以得出：過去七十五年內，股票的所有總報酬率都是在表現最好的六十個月內創造的——六十個月只占漫長八百個月的7％不到（想像一下，要是我們能夠知道是哪些月份，經典傑作《白日夢冒險王》（*Secret Life of Walter Mitty*）中主角「華特‧米提」的獲利應該會有多高！唉，我們無法知道，而且永遠不會知道是哪些月分）。我們所知道的事情簡單而有價值，也就是如果錯過了輝煌之至、卻又少少的六十個最好月分，你應該會錯過整整三個世代裡所累積的所有總報酬率。

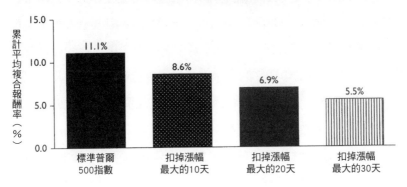

圖3.1

1980-2008年間複合報酬率

累計平均複合報酬率（％）

- 標準普爾500指數：11.1%
- 扣掉漲幅最大的10天：8.6%
- 扣掉漲幅最大的20天：6.9%
- 扣掉漲幅最大的30天：5.5%

資料來源：劍橋協會（Courtesy of Cambridge Associates）

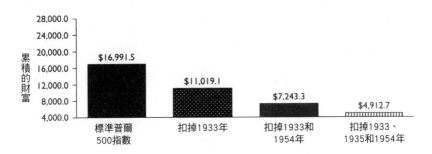

圖3.2

1928年投資1美元，到2000年累積的報酬

累積的財富

- 標準普爾500指數：$16,991.5
- 扣掉1933年：$11,019.1
- 扣掉1933和1954年：$7,243.3
- 扣掉1933、1935和1954年：$4,912.7

資料來源：劍橋協會（Courtesy of Cambridge Associates）

最近十年裡，投資1美元在標準普爾500指數中，卻錯過了九十個最好的交易日，應該會虧損22美分，要是錯過了表現最好的六十天，應該只會賺到30美分，但是如果始終投資在標準普爾500指數中，應該會賺到5.59美元。在七十二年漫長的投資歲月中，只要扣掉其中最好的五個交易日沒有投資在內，也沒有把股息再投資賺到的利得計算在內，累積複合報酬率應該就會減少將近50％[1]（對於願意接受誘惑的人來說，有一點很有誘惑力，就是避開九十個跌幅最大的交易日，十年期間應該會獲利42.78美元）。例如，如果投資人錯過了過去一○九年中的十個漲幅最大交易日，應該會錯失總報酬率中的三分之二——一○九年一共有三萬九千八百一十二天，十天只占其中的萬分之二‧五。[2]

長期而言，投資人傷害自己的方法中，有一種方法是在市況很差時，嚇得退出市場，以至於市場反轉時，錯過了十分重要的「漲幅最大」交易日。教訓很清楚：「**閃電打下來時，你必須在場。**」這就是波段操作確實是邪惡觀念的原因，別去嘗試，千萬不要嘗試。

要提高投資報酬率，第二種戰術性做法是靠「選股」。專業投

---

1. 夏季來臨時，華爾街上會出現很多跟「夏季漲勢」有關的報導，秋季來臨前，會有人感歎十月是股票表現最差勁的月份（根據統計，九月才是最差勁的月份），新的一年開始時，大家都慶祝並非總是會來臨的「元月效應」。馬克吐溫對股市的評論可能最中肯：「十月是股票投機特別危險的月份，其他特別危險的月份包括七月、元月、九月、四月、十一月、五月、三月、六月、十二月、八月和二月。」
2. 傑森‧史威格（Jason Zweig）根據傑威爾‧艾斯特拉達（Javier Estrada）的研究報告，在《華爾街日報》上報導這件事。

資人耗費極多的技巧、時間和精力在這上面，全世界的投資機構和證券經紀商研究部門的研究活動，主要都是花在股票評估上。

專業投資人會分析企業財務，實地研究競爭者與供應商，拜訪經營階層，設法超越市場的共同看法，更深入了解一檔股票或一種類股的投資價值。如果投資經理人發現一檔股票的市價和自己評估的價值差異相當大時，可以買進或賣出，替客戶的投資組合，賺取市價和真正投資價值之間的差價。

不幸的是，整體而言，股票分析似乎不是能夠賺錢的活動。股票投資經理人做過基本面研究後賣掉和沒有買進的股票，跟他們買進的股票相比，表現通常一樣好。因為機構投資人規模極大、消息極為靈通、極為積極主動，因此他們就是決定價格的人，這就是為什麼要打敗大盤，唯一方法是打敗專家的原因——然而整體而言，專家本身就是市場。學者說，他們互相買賣時，會使市場訂價機制變得「有效能」。

問題不在於投資研究做得不好，而是太多人把研究做得實在太好了，大證券經紀商的研究分析師透過全球資訊網路，幾乎可以片刻之間，把自己的資訊和評估，分享給成千上萬的專業投資人。專業投資人會迅速採取行動，而且經常會在預期別人會迅速行動的心理下，設法全力快速行動，以至於不管哪一種投資人，都不可能在選股方面，勝過所有其他投資人，一再取得和維持有用的優勢。

及時改變資產配置或投資策略是提高報酬率的第三種方法。

這種方法，目的在於利用預測主流類股、經濟與利率變化的遠見，或是預期「新興成長」股或「價值」股之類主要類股評價變動的先知先覺能力。

這種投資方法充滿了有趣的潛力，意思就是要在正確的時間站在適當的位置上，但是這種投資方法要求投資人在市場變動時，找出新穎（而且經常不熟悉）的投資方法，然後精通每一種新方法，再放棄這種新方法，改採更新的新方法。理論上，這種做法當然可行，但是真的可行嗎？沒錯，這種方法偶爾可行，但是哪些經理人可以做到這一點呢？能夠做多久呢？長期紀錄不能讓人覺得歡欣鼓舞，而且散戶事先重押哪些經理人會創造優異成果的紀錄，更是讓人徹頭徹尾的失望。

例如1990年代末期，重押科技股的投資人大獲全勝，直到2000年出現市場的劇烈修正為止。「市場所賜予的東西，市場也會收回去。」接著，21世紀的最初幾年，金融股表現優異，一直到2008年至2009年金融股造成市場崩盤為止。

1970年代初期，著名的「二級」市場持續發展之際（成長股的本益比遠超過產業股，市場因而分成兩個層級──投資經理人大舉投資號稱「五十種飛躍成長股」〔Nifty 50〕的大型成長股），創造了極為優異的績效。但是到了1970年代晚期，同樣持有這種股票，創造的成果卻極為差勁：因為預期的盈餘沒有實現，投資人對「永遠緊抱概念」的希望破滅，拋售持股。1980年代的石油類股、1990年代的大型製藥股、21世紀初的商品類股，也出現了

類似的情況。市場到了高峰時，人們總是自信地宣稱：「這次不一樣！」漲、再漲、還漲之後崩跌的現象已經重複出現過很多次。

個別投資組合經理人或整個投資管理機構要提高報酬率，還有第四種方法，就是發展出深遠、正確的洞察能力，看出有什麼力量會推動股市的特定類股或特定公司及產業，再有系統地利用這種投資遠見或觀念，熬過一次又一次的股市與經濟循環。

例如堅持成長股投資的基金公司，要注重新科技的評估，要了解領導快速成長的機構需要什麼管理技巧，還要分析需要投資多少財力，才能在新市場與新產品上維持成長。這種投資機構會努力從經驗中——偶爾會從痛苦的經驗中——學習如何分辨後來會不了了之的成長股，以及會長期創造一系列成就的真正成長公司。

有些基金經理人認為，在很多成熟的大企業和經常受到景氣循環影響的產業中，總是有一些公司的投資價值，遠超過大多數投資人所能了解的程度。這種投資機構會努力培養專業技能，去蕪存菁，避免確實應該屬於低價圈的垃圾股。這些經理人認為，經過精明的研究後，他們可以區分優秀的長期價值，藉著以偏低價格購買具有優異價值投資標的的方法，冒著相當低的風險，為客戶創造優異的報酬率。

信奉一種投資概念或哲學的重要考驗，是經理人有沒有能力基於健全的長期原因，堅持到底，即使短期成果令人不快，也堅持不懈。概念或哲學投資方法的重大優勢，是投資公司可以自行安排組織架構，始終只從事自己獨門的投資種類，避免雜音和其

他選擇的干擾，吸引有興趣和專精這種投資型態的分析師和經理人，並且經由持續的實作、自我批評和研究，進而精通這種投資方法。然而其最大的缺點是如果選定的投資方法過時、價格高估或跟不斷變動的市場脫節，獨沽一味的專業機構不可能為客戶和自己，看出改變的需要，等到看出時已經來不及。

此外，已經被人發現、又能夠延續很久的概念少之又少。很可能是因為如果有人發現並保持一種獨特的長期競爭優勢，市場就不再是自由資本市場了。世界上最好的市場就是充滿各種想法的市場，想法會非常快地到處傳播。

所有積極型投資都有一個基本特性：**利用對手的錯誤**。積極型投資人找到獲利機會的唯一方法，就是不論其他專業投資人是犯了疏忽之過，還是真正犯錯，總之他們的共識都錯了。這種集體錯誤的確會出現，但是我們必須自問，這種錯誤出現的頻率如何，特定經理人多常避免犯類似的錯誤，卻又有智慧、技巧和勇氣，能夠採取跟共識相反的行動。

有這麼多競爭者同時追求高人一等的洞察能力，深入了解個股或類股價值和價格之間的關係，同時，投資圈內，有這麼多資訊這麼廣泛、這麼快速地流通，發現和利用個股或類股可以獲利的識見，也就是發現其他投資人因為疏失和不注意而留下來的機會，希望的確不大。

要提高終身投資的成就，方法之一是減少錯誤，你可以問任

何高爾夫球員或網球員，減少錯誤帶來的好處可能有多大。

很多投資人犯了過度努力的錯誤——努力從自己的投資中，得到比投資所能產生利益還多的好處，方法通常是藉著借錢融資，提高槓桿比率，因而招來嚴重的失望——這種做法最後經常都是代價高昂，因為冒太多的風險就是風險太高。

投資人經常犯的相反錯誤是努力不夠——方式通常是太具有防衛性——讓短期焦慮主導長期思考和長期行為。2008年顯然是重大的例外，但是長期而言，股票投資組合中，即使保有少的現金「準備」，成本都會很高昂。

有這麼多顯然可以勝過大盤的「機會」，要沒有經驗的投資人接受長期很難勝過大盤的事實，可能很難，也可能讓投資人不安。連最優秀的投資經理人也會覺得奇怪，怎麼可能期待勤奮而執著的競爭對手，會犯無能、錯誤或疏忽的問題，而讓自己找到吸引力十足的機會，以十分有利的條件買賣，靠著擊敗對手，進而打敗市場。

在電影《金甲部隊》（*Full Metal Jacket*）[3] 中，兩位教育班長看著他們教出來的基本教練連隊，排成密集隊形，小跑步跑進結業典禮會場，一面答數：「空降特戰、奮勇爭先！」一位教育班長說：「某班長，你看著這些小夥子時，想到什麼？」另一位班長習慣性地清清喉嚨後回答說：「我想到什麼嗎？我要告訴你，

---

3. 一部描述美國海軍陸戰隊與越戰的戰爭片，於1987年上映。為影史上最出色的戰爭電影之一。

大約十分之一是確確實實的好戰士！」他頓了一下才說：「其他的全都只是……槍靶子！」這只是戰爭電影中的一個場景，卻具有現實生活中的意義，值得每一位投資散戶深思。

你可以用下列方式從中得到啟發。假設你技巧極為高超、消息極為靈通，以至於你實際上屬於所有散戶中最高明的20％散戶。太好了！值得敬禮──不過接著你要注意：即使你遠比一般散戶高明多了，你在目前由大型機構專家主導交易的市場上，所做的交易或投資幾乎一定會低於一般水準，統計數字已經說明了這一點。

認清現實的第一步，是承認要在市場上獲得成功，關鍵不是你和其他散戶投資技巧和知識的高下，而是你在每一筆特定投資交易中所運用的技巧和知識如何。

第二步是承認和接受紐約證券交易所的所有交易中，有75％是100家最大、最積極投資機構的交易，幾乎所有投資機構都可能比你強，而且四分之三的投資機構非常可能比你更善於交易。即使你是極為高明的業餘玩家，你的交易應該還是會低於平均水準。如果90％的專家交易技巧勝過你──可悲的是，這種情形相當可能──一般而言，你的交易一定會淒慘地落在最差勁四分之一當中。

柏克來加州大學財務學教授歐丁（Terrance Odean）寫作《為什麼投資人交易過度？》的論文時，研究了某大平價經紀商十五年內將近10萬筆散戶的股票交易，他發現一般而言，這些投資人買進的股票，在隨後的一年裡，表現比大盤差2.7個百分點；他們賣出的股票在隨後的一年裡，表現比大盤高0.5％。同樣的，布魯

金斯研究所經濟學家約瑟夫‧賴康尼修（Josef Lakonishok）、安德烈‧許來佛（Andrei Shleifer）、羅伯‧衛希尼（Robert Vishny）所發表的一篇論文顯示，專業基金經理人所做的股票交易，和保持投資組合原封不動相比，會使應得的投資報酬率減少0.78％。最後，研究專業投資經理交易成本的普萊瑟斯顧問公司（Plexus Group），研究十九家投資公司超過8萬筆的交易後，發現買進股票，通常會造成一檔基金的短期報酬率提高0.67％，賣出股票通常卻會讓報酬率減少1.08％。難怪前鋒基金（Pioneer Fund）創辦人菲立普‧柯瑞（Philp Carret）年近百歲時說過：「周轉率通常顯示判斷錯誤。」

拉斯維加斯、澳門和摩納哥每天都很忙碌，因此我們知道並非每一個人都完全理性。如果你像《白日夢冒險王》中的華特‧米提一樣，仍然幻想自己可以擊敗專家，而且一定會擊敗專家，你需要好運，也需要我們的禱告。

同時，有經驗的投資人都了解極為有力、跟投資有關的**四大真理**，聰明的投資人會遵守這四大真理，管理自己的投資：

1. 主要的現實狀況是：最重要的投資決定，是你所選擇的長期資產配置比率，也就是決定要投資多少資產在股票、不動產、債券或現金中。

2. 配置比率的決定因素之一是實際的目的——目的是成長、收益、安全還是其他目的——主要決定因素是投資人堅持

到底的能力，以及這些錢什麼時候會用到。

3. 分散投資在不同的資產類別中，禍事一定會發生——通常會讓你大驚失色。

4. 要有耐心和恆心。好事會突然降臨——通常在你最絕望的時候降臨，浮躁的投資者會一無所獲。很多著名的教練都說：「計劃好打法，然後照表操練。」「堅持到底」通常是明智的做法，因此，你要制定正確的道路——這一點會讓你回頭思考第一點。

有趣的是，積極型投資人大都表示自己努力創造「更好的績效」，實際上卻違背上述四大真理，對自己和自己的投資組合造成傷害。他們支付更高的管理費與換股成本，而且繳納更多的稅負。他們花很多時間和精力，累積「虧損漏洞」，要是他們能夠花時間和精神，了解自己的現實投資狀況，擬定最可能達成自己務實目標的合理長期計劃，並且堅持計劃，他們創造的投資成果就不會這樣流失。

務實看待投資已經變得越來越愈重要，因為市場逐漸由行動迅速、消息靈通、擁有重大優勢的大型專業投資機構主導。**過去二十年內，超過五分之四的專家都遭到大盤擊敗，散戶的情況更是悲慘。**

Chapter 4

市場先生和價值先生

投資最難的部分不是判斷最適當的投資策略，而是維持長期觀點。

從短期來看，股市很迷人，也很會騙人；但從長期來看，股市幾乎總是可靠且可測的。其可靠和容易的程度，已經到了令人覺得無聊的地步。

投資者要真正了解股票市場和自身，首先要了解兩位截然不同人物的特性——「市場先生」和「價值先生」。

所有的人都注意市場先生，因為市場先生極為有趣，可憐的價值老先生負責重要的工作，卻幾乎完全沒有投資人理會。這種情形並不公平，價值先生負責所有的工作，市場先生卻享受所有的樂趣、造成所有的問題。

市場先生是班傑明・葛拉漢（Benjamin Graham）在經典傑作《智慧型股票投資人》中介紹的虛擬人物，市場先生情緒不穩定，偶爾會胡亂發揮自己的熱情或恐懼，有時候會覺得幸福快樂，只看到影響企業的有利因素；有時候會覺得情緒極為低落，

只能看到未來問題重重。他為了刺激我們採取行動，不斷改變價格──有時候用相當快的速度改變價格。市場先生是配合度最高的人，日復一日都做好準備，在我們希望賣出時買進，在我們希望買進時賣出。市場先生極度不可靠，而且相當難以預測，會一再地努力，促使我們採取行動，對他來說，活動越熱絡越好。

市場先生喜愛惡作劇，經常用奇招妙法，戲弄投資人，例如，出人意表的盈餘、令人震撼的配息聲明、突然激升的通貨膨脹、總統振奮人心的宣告、悲觀的商品價格報告、奇妙新科技的發布、醜陋的破產案件，甚至還包括戰爭的威脅。市場先生會在大家最預料不到的時候，從它的百寶箱中，掏出這些事件。

就像魔術師用巧妙手法，分散我們的注意力一樣，市場先生短期的障眼法可能騙過我們，擾亂我們的投資思路。為什麼會這樣呢？因為他不需要承擔任何責任，作為一個「經濟舞男」，他的目的只有一個：吸引注意力。

同時，價值先生是神經遲鈍、行事穩重的人，他從來沒有展現任何情感，也很少刺激別人的情感。他住在冷酷、嚴峻、真實的世界。他整日整夜忙於發明、製造和流通產品與服務，他的工作就是日復一日，在工廠廠房、倉庫和零售商店裡，產出商品與服務，推動經濟體中的實際工作。他的角色可能不會刺激別人的情感，卻的確很重要。

長期而言，價值先生總是會取得最後勝利，最後，市場先生的花招會像海灘上的沙堡一樣，化為烏有。在真實的企業世界

裡，產品與服務的生產、流通方式大致相同，數量也大致相同，不論市場先生情緒「興奮」還是「沮喪」，情形都一樣。

投資人必須避免因為市場先生而動搖或分心，背離自己創造長期有利成績的健全投資策略。

天氣和氣候的定義不同，天氣是短期的現象，氣候是長期的現象。選擇在某種氣候中蓋自己的房屋時，我們不會因為上周的天氣而覺得困擾。同樣的，選擇長期投資計劃時，我們不希望受暫時性的市場狀況困擾。

投資人應該不理會淘氣的市場先生，也不理會市場先生持續不斷地到處跳動。對長期投資人來說，市場每天的變化並不重要，就像每天的天氣對氣象學家，或是對決定要蓋永久住宅的家庭一樣不重要。明智的投資者必須不理會市場先生的騙人花招，幾乎或完全不注意當前的價格變化。他們關注的是所投資的真實企業，尤其是這些企業不斷成長的盈餘與股息，他們會專心注意長期的真正成果。

因為市場先生總是用令人驚異的短期事件，吸引我們的注意、激發我們的情緒、欺騙我們，有經驗的投資人會研究股市的歷史。同樣的，航空公司駕駛員會在飛行模擬器中花很多時間，「飛越」模擬的風暴和其他罕見的危機，以便習慣各式各樣的緊急狀況，做好準備，在現實生活中面對這些狀況時，就能夠保持鎮定與理性。投資者對市場歷史的研究越深入越好；越了解股票市場過去的行為，就越了解股票市場真正的本質，進而參透股票市

場未來的走勢。

有了這種了解，我們就可以跟看來完全不理性的市場共存。至少我們應該不會輕易受市場先生反復無常的花招和詭計影響，背離我們的長期策略。了解歷史和歷史的教訓，可以保護我們免於大吃一驚。就像剛拿到駕照的駕駛人，總是覺得所有本可預見的事故發生得莫名其妙 ——「那個傢伙不知從哪冒出來的！」——而大吃一驚一樣。投資人也可能因為「異常事件」造成的不利績效，覺得大吃一驚，實際上，這些事件雖然令人吃驚，卻全都符合市場經驗的正常常態分配。對於認真研究市場的人來說，這些情況不是真正令人吃驚的事件 —— 大部分情況其實幾乎都符合精算上的期望，長期投資人不應該過度反應。飛行員的情形也一樣，湯姆・伍爾夫（Tom Wolfe）在小說《太空英雄》（*The Right Stuff*）中，講述年輕飛行員碰到一些「異常事件」導致「難以理解」的意外事故發生。年輕飛行員從沒意識到，這些異常事件是他們致力達成優異表現過程中必須面對的風險。

如果大多數專業投資經理人能夠消除一些「令人失望」的投資，或是消除市場中一些「艱困」的期間，應該會創造優異的績效 —— 創造穩穩高於大盤指數的績效。然而，現實生活很嚴峻，大多數投資經理人和大部分新手駕駛人，幾乎一定都會經歷「異常」事件。在投資領域中，罕見或意料之外的事件發生時，就會出現這種異常事件 —— 可想而知，投資經理人認為這種事件相當出乎意表，而且幾乎可以確定絕對不會再以完全相同的方式再度

發生——卻在突然之間，抹煞掉原本應該很優異的投資績效。

長期是無法避免的事情，長久之後，回歸平均數會一再出現，這就是為什麼罕見的高股價——你雖然可能很喜歡——實際上卻對你不好的原因。最後，你所得到高於長期核心趨勢的額外報酬率，你都必須吐回去。

投資不是娛樂，而是一種責任。投資不是遊戲，理當很無趣。投資是持續不斷的過程，像煉製石油或製造餅乾、化學品或積體電路一樣，如果製程有什麼「有趣」的地方，這種地方幾乎一定都不對，這就是為什麼對大多數投資人來說，**善意的忽視是長期成功的祕訣**。

股市最大的挑戰不是市場先生，也不是價值先生，最大的挑戰既看不見，也無法衡量，因為藏在每一個投資人的情緒失能中。投資像教導青少年一樣，會從鎮定、耐心、堅持不懈、抱持長期觀點和不變的目的中得到好處，這就是為什麼「認識自己」是投資基本規則的原因。

理性不是投資中最難的部分，感性才是。在不理性的短期環境中要保持理性並不容易，市場先生總是設法引誘你改變時尤其如此。投資最難的部分不是判斷最適當的投資策略，而是**維持長期觀點**——在市場高峰或谷底時尤其如此——以及堅持你最適當的投資策略。

Chapter 5

投資夢幻團隊

從擊敗大盤所必須付出的時間、成本和努力來看,投資指數型基金的確事半功倍。

　　任何投資組合的長期總報酬率,絕大部分來自最簡單、也是目前為止最容易執行的投資決定——投資**指數型基金**。如果你像大多數投資人一樣,直覺告訴你:「哦,不行!我不希望安於平凡,我希望打敗大盤!」我們可能暗自心想,「唉,又是一位做白日夢的人,幻想自己能夠打敗專家。」但是我們仍然會提供你所需要的協助,會提供你投資夢幻團隊。

　　如果你可以指定任何人——指定每一個你希望每天全天候跟他一起共同投資的人,你的投資夢幻團隊中,會納入哪些投資大師?

　　華倫・巴菲特嗎?沒問題,他和他的夥伴查理・蒙格(Charlie Munger)現在在你的團隊中。要找彼得・林區嗎?他現在是你的隊員了,還有富達集團所有分析師與基金經理人、美國基金集團

或資本集團公司的所有專家也都是你的隊友。想找喬治・索羅斯嗎？沒問題，他現在也站在你這邊，還有全美所有最高明的避險基金經理人也一樣。事實上，你可以把美國所有最高明的投資組合經理人和為他們服務的所有分析師，都納入你的夢幻團隊。

不要就此打住，你也可以把華爾街所有最高明的分析師、美林的二百五十位最好的分析師、高盛的二百五十位和摩根士丹利的二百五十位分析師納進來，加上瑞士信貸、瑞士銀行和德意志銀行的所有分析師精英，以及專攻科技股或新興市場的所有「專業」券商分析師，都納入你的夢幻團隊。

事實上，你可以讓所有最高明的專家全天候為你工作，你只要同意毫不質疑的接受他們最高明的想法（每次我們搭飛機時，大部分人都做同樣的事情：我們知道我們的駕駛員受過訓練，一心一意追求安全，因此我們輕鬆地坐在位置上，把飛行交給專家）。**你只要投資指數型基金，就可以得到所有這些頂尖專家的整體專業技能** ── 因為指數型基金複製大盤，而今天大盤由這些勤奮的專家主導，反映他們任何時候所做最佳判斷背後的全部專業技能。他們知道的越多，就會越快更新他們的判斷，這也表示，你只要投資指數基金，就總是可以擁有市場上最新的共識。實際上，股市是世界上最大的「預測市場」，很多獨立專家做出最好的預測，還把真正的資金投入他們不同的估算中。

投資指數型基金，不但可以得到這個投資夢幻團隊為你服務的好處，也可以自動得到其他重要好處。安心是其中一種好處，

大部分散戶都必須承受對自己所犯錯誤的懊惱，還要擔心將來可能再度發生令人遺憾的悲慘情事，指數型基金把這兩種煩惱都消除。對於跟隨投資夢幻團隊和指數化的人來說，還有其他幾個更有力的競爭優勢，包括比較低的管理費、比較低的稅負和比較低的「操作」費用。這些揮之不去的成本會持續不斷地累積，像白蟻破壞房子一樣，大大傷害投資組合。藉著投資指數型基金，避開這些傷害，會讓你變成贏家——長期來說，甚至打敗80％的所有其他投資人。

接受專家共識的做法並非總是受歡迎，不過大家逐漸欣賞這種方法，有經驗的投資人尤其如此。貶損這種做法的說法從「只是甘於平凡」到「這不是美國人的風格」等。「大盤投資組合」或指數型基金，在投資經理人圈中極度不受歡迎，在很多抱著崇高希望的投資人當中也一樣，實際上，這種基金是在投資夢幻團隊每天努力創造的成果。指數型基金投資法很少得到應得的尊敬，但是久而久之，這種投資方法創造的成果一定會勝過大多數共同基金，而且一定會遠遠勝過大多數散戶。

從擊敗大盤所必須付出的時間、成本和努力來看，投資指數型基金的確事半功倍。操作這種苦幹實幹型、呆呆板板的投資組合，似乎可能完全不需要用到頭腦，但事實上，指數型基金是以大量跟市場和投資有關的研究為基礎，很值得深入探討，也很容易摘要說明。

股票市場是自由競爭的開放市場，眾多消息靈通、對價格敏

感的專業投資人充斥其間，持續以買方和賣方的身分，巧妙地進行激烈的競爭。非專家可以輕易得到專家的服務，價格廣泛而迅速的報出，有效禁止市場炒作的機制已經建立。套利者、交易員、避險基金、市場技術專家和以基本面為基礎的長期投資人，都持續不斷地設法從市場任何不完美的性質中，尋找和利用獲利的契機。因為和你競爭的投資人都是消息靈通的買方和賣方，因此任何投資經理人不可能靠著基本面研究，長期為大型的多元化投資組合提高獲利，因為有太多同樣努力的專家也會利用他們所能得到的最好研究，評估是否買賣和何時買賣。

大家把這種市場視為「效率」市場，效率市場並不完美，也不是絕對有效率，但是效率足以使聰明的投資人承認：不能期望自己可以經常利用市場的效率不足。技巧高明的競爭者越多，任何人持續創造優異成果的可能性越低，而且眾多受過良好教育、十分積極主動的人投入專業投資領域中的情形，已經變成普及全世界的現象。在效率市場中，價格變化會遵循一般所說的「隨機漫步」型態，意思是連密切注意大盤走勢的人，也不能在股票價格中，找到可以預測未來價格變化的型態，據以獲利。

在完全高效率的市場中，價格不但反映過去一系列價格中推斷出來的任何資訊，還包含上市公司所有可以得知的事情（雖然有一些專業證據，證明盈餘季報不會立刻完全反映在股票價格中，但是其中能夠利用的明顯機會極為有限，因此大型投資組合的經理人無論如何，都無法有效利用這種資訊）。有效率的市場

不表示股票總是以「正確的」價格成交。每一個人都知道，市場會起伏震盪，就像1987年10月或2008年10到11月中，市場受到網路公司榮景和次貸市場之類的集體錯誤助長下，「震盪」可能相當劇烈。請注意，投資人的集體判斷可能錯得離譜——可能過度樂觀或過度悲觀，這種情形會在整體市場的修正中表現出來，卻仍然具有高度效率，能夠把和個股有關的現有基本面資訊，納入相對的市場價格中。

因此，智慧的開端是知道能夠長期打敗大盤的大型投資機構很少，而且事前要評估哪些經理人會打敗大盤非常困難。下一步是決定——即使你可能贏得這場遊戲——這種輸家遊戲是否值得玩下去。

指數型基金讓投資經理人和客戶有一個輕鬆的選擇，讓他們不必玩比較複雜的股票投資遊戲，除非他們真的想玩。隨時投資指數型基金的自由是非常完美的選擇自由，因為即使是最厲害的投資人也不可能一貫擁有優異的知識與技術，同時，在這激烈的高手之爭裡，很少有人能夠在知識上持續地占有優勢。

投資指數型基金，可以讓投資人幾乎不費吹灰之力，始終保持跟大盤同步，可以讓你只在自己選定的時間和市場、在你真正想參與的某一段時間裡參與市場——而且你可以在任何時候，選擇整個廣大投資領域中的任何一部分，從事精心規劃的投資行動，行動時間的長短完全隨心所欲。這種不參與的自由具有雙方互利的好處，可以只在目的和額外的報酬完全涵蓋額外的風險

時，才參與投資。

　連美國股神巴菲特都建議投資散戶，考慮指數化投資：「我要對你們自己的投資，補充一些看法。大部分機構投資人和散戶會發現，擁有股票最好的方法是利用收取最低管理費的指數型基金，遵循這種方法的人，一定能夠打敗絕大多數投資專家扣除管理費與各種費用之後，所提供的淨成果。」[1]

　每一位辯論專家、談判專家或訴訟律師都知道，發展可信論證最重要的一環是分析對手的論證。因此我們要評估各種不同論證的正反兩面說法，並評估支持積極型管理的人反對指數化投資的各種論證：

表5‧1
反對指數化的主張以及與其相對的回應

「積極派」的主張	務實的回應
「小型股」或新興市場指數型基金可能有追蹤誤差的問題。	是的，因為有極多股票可以選擇，指數型基金會利用一組樣本股票，建構投資組合，因此其中會有不完美的地方，但是跟積極型投資經理人的追蹤誤差相比，指數型基金的追蹤誤差遠遠小多了。
指數型基金會跟奇異公司之類、在2000年呈現股價過高的大型股，「緊緊綁在一起」。	沒錯，不過指數型基金也會跟同樣這些由低價漲到價格合理再漲到高價的股票，「緊緊綁在一起」。

1. 請參閱波克夏公司1996年年報。

追求「平凡」不是美國變成世界最強大經濟體、創造眾多成就的主要力量,而且以追求一般水準為目標的消極型投資和美國人格格不入。	這是煽動性的說法,檢驗過歷史事實後,大概就站不住腳。追求市場指數最後會變成獲勝的策略,是因為「平凡的」基金或機構和「平凡的」散戶所創造的績效,一再不如大盤。因此追求大盤表示績效勝過一般平凡的投資人,久而久之,更是遠勝過一般投資人。
行情太高或經濟環境不確定時,積極型經理人可以「採取防禦性手段」,這樣可以讓積極型經理人獲得勝過消極型指數化投資的優勢。	有些人可以這樣做,但是有些人做不到。只有少數積極型經理人在完全正確的時刻,「採取防禦性做法」(請記住,停住的時鐘一天還有兩次會指示正確的時間)。長期而言,波段操作專家幾乎都是以隨機性的型態,「進行防禦性操作」,因此彼此會互相抵消,整體而言,會大大降低客戶的長期報酬率。
積極型管理一定有效,否則積極型經理人應該無法繼續生存。	潛在可能性存在的觀念很流行。全世界的賭場都擠滿了大致上持續輸錢,卻繼續回賭場賭博的賭客。積極型經理人的確相信自己可以「打敗大盤」,更重要的是,他們的客戶也相信這一點。
扣除管理費後,指數型基金的績效不如他們所複製的市場。	不錯,但是差距只有一點點。指數型基金收取的管理費低到0.1%,而且靠著借券,把這種小小的金額賺回來,因此,投資人花金額很小的淨管理費,便可以得到廣泛的多元化投資、方便和信心。此外,還有令人震驚的晨星公司(Morningstar)報告,晨星針對過去績效所做的「星級」評等非常通行,但是在預測未來績效方面,卻幾乎毫無價值,不過晨星公司發現,在每一種投資類別中,低管理費的基金,績效都超過其他基金——指數型基金的低管理費,早已是眾所周知的事情。

有好幾個強而有力的理由支持指數型基金，主張積極型投資的人卻從來都沒有提過：

- **稅負**。指數型基金的周轉率遠低於積極管理型基金，因此引發的稅負低多了：指數型基金的年度周轉率大約為5％，積極管理型基金的年度周轉率超過100％——積極管理型基金鎖定短期獲利，這種獲利當然會適用比較高的稅率。
- **高額管理費**冷酷無情的大幅吸走積極型經理人的操作成績，聰明的富蘭克林說得好：「節省一分錢，就是賺到一分錢。」
- **成本**。指數型基金的交易成本遠比積極型基金低多了。
- **安心**。所有投資人都會碰到市場的震盪起伏，投資指數型基金的人，卻不用擔心經理人的投資風格或操作，會為投資人所面臨的風險額外增加一層不確定性。

有很多人研究要用什麼方法，才能找出能夠創造優異績效的積極型經理人，有一項研究詳細評估所有這些研究報告後，勉為其難的認定：至少在理論上，有些研究報告找出了尋找優異經理人的方法，但是這項研究斷定，無法動用大量必要資源尋找優異經理人的投資人，幾乎不應該尋找積極型經理人，而是應該把重點放在擬定適當的資產配置計劃，而且在每一種資產類別中，擁抱消極管理，以便把管理費降到最低程度。對大多數投資人來

說，指數型基金的主要好處是，這種投資方法可以讓市場先生沉默無言，而且可以讓投資人把全副精神，放在擬定最有希望達成每一位投資人本身目標的長期投資計劃上。

　　有一個核心重點跟每位投資人最佳的投資策略息息相關，就是**決定每位投資人所能承受的最適當市場風險水準**。每位投資人都有一個最適當的整體市場風險水準，這種水準是特定投資人特有的水準，是特定投資人可以依循，可以信心十足、堅持到底的市場風險水準。這種說法聽起來很簡單 —— 事實上也是這樣 —— 做起來卻相當不容易，尤其是在市場先生「刻意激怒你」，而且情況危急時，更是如此。

　　大致說來，投資中有兩大類主要風險，一種是**投資風險**，另一種是**投資人風險**。大家把所有的注意力都放在第一種風險上，但是第二種風險才應該是我們關注的重點，因為每一位投資人都可以在投資人風險上，稍微花一點力量，創造出重大的差異，但是我們大致上對投資風險卻無可奈何。市場就是這樣，市場先生隨心所欲，全力發揮，就像天氣一樣，我們可以選擇怡人的氣候，但是我們必須學著接受天氣的日常變化。

　　小船的駕駛在改變風向或潮水流向方面，幾乎無能為力，但是在選擇正確航向、把穩船帆方面，卻可以大大地發揮。在知道自己和小船在惡劣天氣中能夠做什麼，在觀察跡象、避免嚴重的風暴方面，也有很大的發揮餘地。同樣的，投資人可以配合市場，達成自己的實際目標，但是一定不能甘冒惡劣天氣的風險，

也絕對不能超出自己的能力，甘冒更激烈的市場波動風險，以免無法維持方向，並等待市場風暴風平浪靜。

積極型投資人可以有更好的表現，有些積極型投資人偶爾會創造更好的績效。但是如果多年來，某些共同基金經理人一直都能創造高出很多的績效——尤其是扣除稅負、管理費、費用和錯誤之後——在眾目睽睽之下，難道你不覺得所有的人都知道他們管理哪些基金嗎？

聰明的投資人會把注意力，放在了解市場指數型基金所提供的真正優勢上——因為這種基金是夢幻投資團隊每天動用所有技巧與努力，得到的成果。

接受現實並非總是很容易，接受現實違反個人的經濟利益，或是強迫個人放棄行之已久的一套信念——尤其是很多人顯然也抱持同樣的信念時——要接受現實可能非常困難。這就是這麼多積極型投資經理人，繼續抗拒指數型基金最重要的原因。

雖然達爾文的進化論得到大量的科學證實，超過40％的美國人仍然宣稱，自己相信上帝創造世界的說法，而且超過40％的美國人，仍然懷疑全球暖化現象。雖然認真研究現實狀況的人可能發現，自己很難了解為什麼這麼多人抗拒指數化和指數股票型基金（ETF，後續內文將以此代稱）——或是發現自己多少難以了解為什麼有人會相信上帝創造論，或是不相信全球暖化——但是我們不應該覺得十分驚訝。湯瑪斯・庫恩（Thomas Kuhn）在經典傑作《科學革命》（*Scientific Revolutions*）中解釋過，對於事業生涯

建立在以某些基本觀念為基礎，發展出所有後續理論細節的人來說，改變是很難接受的事情。我們會有重大損失時，改變舊有的假設與信念，接受新的假設的確很難。

懷疑全球暖化的美國國會議員也是如此，他們抓住暴風雪的事實，當成反駁全球暖化的「證據」，卻不去了解資料是否可能真的證實全球暖化，而不是否定全球暖化的現象（暴風雪事實上強力證明氣候變化）。近年來，生物學更深入地探討生命真正的運作方式，達爾文的進化論因而得到越來越多的證實，指數化和ETF也是如此。

一項又一項的研究在原有的眾多證據之外，增添了額外的證據，證明除了少數例外，除了事前能夠發現的更少數意外之外，積極管理的成本，其實超過這樣做所能產生的附加價值，而且沒有一種有系統的研究支持相反的看法。這麼說來，我們可以合理預期大家會有什麼樣的反應呢？可以預期繼續支持積極管理會獲得強大經濟、社會或情感好處的人會有什麼作為呢？

創新如何贏得大家的接受，是大家都很清楚的事情，我們可以用簡短的文字說明這種過程：就是大家一定會慢慢地接受，是一次克服一個人的抗拒心理的過程。對創新的抗拒──也就是接受的黏度──會因為不同的社會，而有所不同：農民接受新培育雜交玉米種子的速度很慢，醫師接受新藥的速度沒有這麼慢；青少女會快速地接受任何新穎的東西。

- 創新的人總是在嘗試新事物，他們的實驗經常失敗，但是他們樂在其中，不太在乎失敗，因為他們在自己的實驗中，不會投注過多的心力，如果新事物失敗了，也不會引咎自責。

- 有影響力的人備受尊敬，因為他們有能力挑選出新方法，成功的機率很高，而且幾乎從來沒有失敗過，這就是為什麼極多人注意他們的行為，又信心十足，追隨他們的原因。

- 有趣的是，有影響力的人會密切注意創新的人，他們看到某種實驗成功後，會跟著照樣實驗。因為有影響力的人只實驗創新的人做成功的事情，他們的成功比率會變得非常高，這點是極多人追隨他們的原因，也是他們會變成影響力人物的原因。

　　ETF和指數化的應用雖然以悠閒、緩慢的步調推動，卻提高了大家對創新的熟悉程度，而且還以逐漸加快的速度，提升大家的熟悉程度。為什麼？因為越來越多的投資人知道：指數型基金在扣除管理費、經過風險調整後，成就一直勝過積極管理。

　　這樣會狠狠打擊積極型經理人嗎？不會！絕對不會！事實上，完全是因為積極型經理人極為聰明、極為努力，又得到資料庫、電腦、彭博資訊、財務分析師和其他優勢的協助，他們又極為積極地主導股市活動，指數化才能發揮這麼高的功效。

　　實際上，對積極管理至高無上的讚美具有矛盾性質：完全是

因為這麼多積極型經理人這麼高明，以至於他們構成的市場雖然絕對說不上「完美」，卻變得極有效率。市場效率絕大部分是因為這麼多高手如此努力、技巧地導正市場，才會導致幾乎沒有一位積極型經理人，能夠創造勝過高明專家共識的績效，在扣除管理費後尤其如此。

積極型經理人收取的管理費可能占到資產的1％，但是，占報酬率的比率卻大約高達15％，而且增加的管理費所占的比率，已經超過普遍流行的消極型管理所創造額外報酬率的100％以上。積極型管理在扣除管理費後，創造的成果令人不滿，已經逐漸促使客戶嚴重質疑其中的成本、嚴重質疑積極型投資管理所創造好處的價值。

因為證據持續不斷地累積，我們看到越來越多投資機構和個人，利用ETF和指數化，應該一點也不奇怪。也難怪我們會看到，已經利用ETF和指數型基金的個人和投資機構，穩定增加這方面的資產配置。真正讓人覺得奇怪的是：為什麼這兩種投資方式的增加率沒有以更快的速度提高。

（所有祖父母和大多數父母親都知道——大多數的孫子女將來也會知道——優良駕駛的真正考驗很簡單，就是不出嚴重車禍。所有的飛行員都知道，安全、單調甚至無聊，正是優良飛行的真諦。投資成功的祕密不在於打敗大盤，而在於以不超過規定速率十英里以上的速度駕駛，成功的駕駛是要在正確的道路上，以合理的速度前進。）

投資成功要靠擁有明確的目標、正確的資產組合，再加上堅持計劃到底。ETF和指數型基金使投資機構和個人更容易把重點，放在真正重要的事情上，也就是放在訂出正確的風險目標、設計最可能達成合理目標的投資組合，適當的調整投資組合和堅持到底上面。指數型基金和指數股票型基金簡化了投資的落實，釋放了投資人，讓投資人可以把重心放在策略上。這就是為什麼ETF和指數型基金對目標正確、有意贏得贏家遊戲、不願意在輸家遊戲中落敗的散戶和投資機構越來越重要的原因。

Chapter 6

別在股市追尋自我

誰說人是理性的，身為人類的我們並非總是理性動物，而且我們並非總是基於自身最大的利益，採取行動。

備受歡迎的美國漫畫人物波哥（Pogo）說了一句精闢的警語：「我們已經碰到敵人，敵人就是我們自己。」說的真是太正確了！對投資人來說，更是具有特別意義的基本真理。

同理，以筆名「亞當斯密」寫作的喬治·古德曼（George J. W. Goodman）明智地解釋說：「**如果你不認識自己，在股市尋找自我的代價很昂貴。**」我們會情緒化，是因為我們是人類。我們認為，我們越努力，成果越好，我們發現很難接受「一動不如一靜」之類的建議，我們甚至說不上是完全理性的人。

要了解投資，把投資分為市場、投資經理人和投資人三部分，可能很有用。太多的投資人認為，投資經理人占據最重要的角色，市場和市場的所有波動第二重要，個人只扮演相當不重要的角色。對投資人和投資人的整體長期投資經驗而言，這種想法

並不正確。事實上，重要性的次序正好相反：投資人遙遙領先，扮演最為重要的角色，投資經理人則是最不重要的角色。

五十年前，積極型經理人具有比較重要的角色，但是因為多種重要的變化湊在一起，積極型經理人可以成功扮演的角色，已經下降到相當不重要的地步。諷刺的是，這種重大的縮減不是因為積極型經理人喪失技巧或企圖心。正好相反，這種情形完全是因為太多十分聰明、野心勃勃、勤奮努力的專家受到投資圈吸引，以至於整體而言，他們當中的任何一位，幾乎都不可能超越集體共識。這就是為什麼——即使他們需要更高明的技巧，才能在今天的市場上「競爭」——投資經理人的適當角色越變越不重要的原因。

從好的一面來說，因為每位投資人都獨一無二，只有投資人——不論是否得到投資顧問的協助——才能釐清自己獨一無二的目標、風險忍受度、投資專業技能、目前和未來的財力、目前和未來的負債或責任，以及投資人的期望。

大部分投資人、投資經理人和所有跟投資有關的廣告，都只把重點放在投資的一個面向上，也就是放在報酬率上。投資還有另一個重要面向，要創造長期獲利，就不能忽略**風險**，尤其是嚴重的永久虧損風險很重要，甚至比報酬率還重要。這種風險會以不同的形式表現出來：包括馬多夫、恩龍公司（Enron）、世界通訊公司（WorldCom）和其他蓄意詐欺案與弊案、拍立得（Polaroid）、朗訊公司（Lucent）和其他因為業務碰到意料之外的問題，以至於市場占有率下降的公司；在市場跌到可怕的低點，嚇得退出市場，卻沒有在市場回升時重新進場的個別投資人；過度努力、在市場高峰時買進股票或基金的人；出於「忠心耿耿」、投資自己所受雇公司股票，沒有明智分散投資的人；或是儲蓄不夠、投資不明智、開銷太大或「活得太久」，以至於退休基金用光的人。虧損——不是因為市場波動而形成的虧損，而是真正永久性的虧損——對財務和精神兩方面，都具有毀滅性的力量。

　　一位急躁的學員在一項訓練課程中，問傑出而富有的資深夥伴：「如何變成像你一樣富有？」，對方沉默良久之後，回答說：「**不要虧損！**」

　　很多學員想到：「如果你問愚蠢的問題，當然應該得到愚蠢的回答。」但是五十年後，我們全都知道不虧損的確很重要，你虧掉50％的資產後，必須賺到一倍，才能打平。多年來，經濟學家認為，大家知道自己想要達成的目標是什麼，知道達成目標的

方法，而且持續不斷的努力做出理性、不情緒化、對自己有利的決定，以便達成目標。然而最近行為經濟學家證明：身為人類的我們並非總是理性，而且我們並非總是基於自身最大的利益，採取行動。行為經濟學家指出，投資人風險會以多種面貌出現，以下是我們實際上會做的一些事情：

- 我們不重視回歸平均數的絕大力量。
- 我們忽視「基本狀況」，或是忽視正常的經驗型態（雖然我們知道機率對我們不利，我們還是會到賭場賭博，還是會困在多頭和空頭市場中）。
- 我們相信「手氣」和連勝紀錄，認為最近的事件很重要，連拋擲錢幣時都一樣。
- 我們對第一印象反應過度，因此容許我們最初的看法錨定我們的思考，扭曲我們對後續資訊和最後結論的分析。
- 我們會受到掌控一切錯覺的影響，會低估壞事的機率——特別是低估非常惡劣事件的機率。
- 我們評估決策的品質時，根據的是有利或不利的結果，而不是根據決策方式的品質，這種情形叫做「後見之明偏誤」，或是叫做「結果偏誤」。
- 我們過度依賴專家——對他們的專業知識過度信任。
- 我們崇拜的人所做的建議具有「光環效果」，即使他們的推薦超出他們的「專業領域」之外，例如運動員推薦特定

飲料、手錶或旅行地點。

■ 我們過度偏重容易回想起來的戲劇性事件中，「容易想起來」的特性，或是過度偏重媒體大量報導的事件。

■ 我們高估自己的技巧和知識，因此受到「掌控一切錯覺」的影響，低估壞事和不利結果的機率。

■ 我們會對共同基金最近績效之類的短期結果，產生過於深刻的印象。

■ 我們會受「證實偏誤」的影響，會尋找和偏重支持我們最初印象的資料所蘊含的意義。

■ 我們把自己的判斷錨定在早期的構想或事實上，即使我們知道早期的構想或事實「只是一個數字而已」，也仍然如此。

■ 我們會扭曲我們對自己所做決策的認知——幾乎總是從對我們自己有利的角度來看待——因此我們自以為自己比實際上還更善於做決定。而且我們不肯學習，一直保持過度自信的狀態。

■ 我們把熟悉跟知識和了解混為一談。

■ 我們對最近的好消息和最近的壞消息過度反應。

■ 我們認為，我們實際上比別人知道的還多（將近80％的人認為自己在開車、聽話、跳舞、評估別人、交際、為人父母、幽默感和投資方面，「比一般人高明」。一般而言，我們也認為自己的子女比一般人高明）。

我們現在知道，身為人類，我們天生具有某些無法分割的心理和行為特性，迫使我們在投資時，會做出不完美的決定，甚至會犯下嚴重之至的錯誤。我們經常不知道自己如何思考和反應，因此利用簡單的對照表，指引我們的行為，應該是很明智的做法——就像蘇倫柏格（Sullenberger）機長明智的在起飛後不久，利用簡單的對照表，緊急把飛機迫降在哈德遜河上一樣[1]。

美國前總統甘迺迪敦促大家「至少我們不要這樣對待自己」，他的警告適合所有投資人，因為我們自己會引發相當不必要的風險，要是我們能夠承認自己不幸的傾向，規範自己，少製造一些傷害，尤其是少傷害自己和自己的投資，就很容易避開這種風險。

以下是投資人應該避開的一些風險：

- **過度努力。**

- **努力不足。**通常的情況是把太多的資金，投入貨幣市場基金或債券中。

- **沒有耐心。**如果你的投資一年上漲10％，就等於一個月上漲不到1％。如果以一天為單位來計算，這樣的投報率應該會降到完全引不起你「興趣」的地步（請自我測試一下：你多常查看自己的持股價格？如果你一季查看一次以上，

---

1. 2009年全美航空一架空中巴士A-320型客機，從紐約起飛後不久遭鳥擊，導致飛機頓失動力，驚險迫降冰冷的哈德遜河中。機長蘇倫柏格臨危不亂，成功帶領機上155人死裡逃生，被稱為「哈德遜奇蹟」。

你是在滿足自己的好奇心，而不是滿足你對價格資訊的需要）。如果你每年做一次以上的交易決定，你幾乎可算是交易太過積極的投資人，而你會因此付出代價。

- **持有共同基金不到十年就轉換**。如果你這樣做，實際上你只是在「約會」而已，投資共同基金應該像婚姻一樣，同甘共苦、始終不變：投資人做出跟共同基金有關的決定時，應該在神智清醒、深思熟慮的狀態下，做出真正長期的決策。轉換共同基金會讓投資人損失慘重：共同基金投資人實現的平均報酬率，遠低於他們所投資基金的報酬率，完全是因為投資人在基金最近創造差勁的績效後，賣掉基金；在基金最近創下優異的績效後，買進基金。因此，我們全都過於頻繁的賣低買高，一再喪失我們在表現出足夠耐心和耐性的情況下、原本可能賺到的一大部分利潤。

- **太多融資**。投資人虧掉的財富中，有四分之三是因為利用融資才虧掉。融資戶希望賺更多錢，結果卻變成令人痛苦的「債務累積」。

- **盲目的樂觀**。在其他任何領域中，樂觀都是有益的，但是在投資領域中，最好保持客觀和務實的態度。

- **心高氣傲**。研究一再顯示，我們大幅高估自己的投資能力、大幅高估自己和市場對比的績效。而且我們不喜歡承認自己的錯誤──甚至不喜歡對自己承認。我們也過於頻

繁的表現出頑固不靈的樣子，請記住「**股票不知道你擁有它們**」，而且實際上，股票不關心你。

■ **情緒化**。股票上漲時，我們眉開眼笑；股票下跌時，我們眉頭緊鎖、遷怒他人。股價的漲跌速度越快，我們的情緒會變得越強烈。

驕傲、恐懼、貪婪、狂喜和焦慮，是我們內心的魔鬼和敵人，這些情緒是市場先生最喜歡施加壓力的弱點。如果你有這些弱點，市場先生這位壞人一定會找到，以市場先生善於耍弄引人注目花招詭計的本事而言，我們如此容易就成為他的獵物，一點也不足為奇。

關鍵問題不光是如果投資人熬過令人震撼的市場波動很多次，股票的長期報酬率是否會勝過債券或國庫券的報酬率。關鍵問題是**投資人實際上是否能夠長期持有**，以便確實獲得預期的平均報酬率。問題不在於市場，而在於我們自己、在於我們的認知、在於我們對自己的認知過於人性化的反應。

這是培養對投資與資本市場的實際了解，以便市場先生不再欺騙你會這麼重要的原因，也是你對市場波動和你的長期投資目標培養實際認識，以便你不再欺騙自己這麼重要的原因。你越了解自己的投資人身分，越了解證券市場，你會越了解長期資產配置其實很適合你，你也越可能忽視市場先生，堅持自己的長期承諾。

有四種方法可以大幅度的降低投資人風險：

1. 避免「所有太人性化」的錯誤。
2. 決定你自己的務實投資目標。
3. 設計達成自己特定目標的合理長期策略。
4. 堅持自己的長期計劃（決定你的投資計劃時，一定要慎重考慮過去很多年裡，你曾經怎麼受到誘惑，對罕見的有利和不利市況，有過什麼樣的反應，不尋常的事件將來會再度發生）。

要學習怎麼成為成功的投資人，最好的方法是從「認識自己」開始。身為投資人，你在兩大領域中的能力會決定你的大部分成就：一是你的知性能力，二是你的感性能力。

知性能力包括你分析財務報表（資產負債表、現金流量表和損益表）的技巧，存取資訊能力的程度與精確性、能夠廣泛綜合整理各種資料與資訊並變成見識與了解的能力，以及你掌握與利用幾百家不同公司和股票相關知識的能力有多高。

你的感性能力包括：不論市場先生製造的混亂與破壞，是否突然干擾你和你的決策，你都能保持鎮定與理性的能力。

每一位投資人都有一個能力範圍（就是投資人擁有真正技巧的投資類別），也擁有一個信心範圍（投資人投資時會覺得鎮定與理性的範圍）。如果你了解自己、了解自己的優缺點，你就會知

道自己在每一個領域中，必須跟什麼樣的限制和平共存。你的兩大領域在范氏圖[2]（請參閱圖6‧1）中互相重疊的地方，就是你身為投資人的優勢所在，是你希望全力以赴的地方，因為你擁有正確的技巧和正確的情緒，可以把投資做到最好（在「吃好」和「睡好」兩種互相衝突的投資人目標中取捨，明智的建議是「賣出股票，直到你能好好睡覺為止」）。不要走出你的能力範圍之外，因為你會犯代價高昂的錯誤，不要走出你的安逸天地之外，因為你可能會變得情緒化，而變得情緒化對你的投資絕對不好。

圖6‧1
投資人的范氏圖

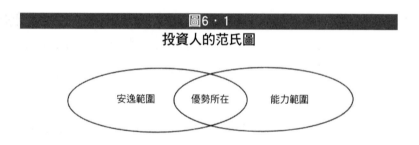

安逸範圍　　優勢所在　　能力範圍

---

2. Venn Diagramo 為19世紀英國數學家John Venn 發明的圖表，主要用來表達兩個或多個集合之間有無交集關係。

Chapter 7

不公平競爭優勢

利用指數型基金投資，是投資人輕鬆獲得和維持不公平競爭優勢的方法。

所有偉大的戰略家都追求超越競爭對手的永續優勢，這就是為什麼：

- 將軍都希望占領制高點，掌控奇襲優勢。
- 教練都希望擁有更高、更快、更強的運動員，希望不斷努力的改善運動員的狀況；同時很關心團隊精神與企圖心。
- 企業策略家都試圖為自己的產品與服務，創造專屬的「品牌」優勢，設法在每一種顧客群中，建立強大的品牌忠誠度。
- 企業致力提升「經驗曲線」，以便把製造成本降得比競爭對手低。專利保護、聯邦食品藥物管理局的批准、低成本的運輸、科技的領先、消費者的喜愛和商標全都具有一種

共同特性，就是「競爭優勢」。

在每一種例子裡，策略專家都是設法看出、設法取得可以永續維持的重大戰略優勢，就是競爭者心目中所認定的「不公平」競爭優勢。在投資領域中，有三種方法，可以獲得大家想要的不公平競爭優勢。

依靠體力打敗大盤的方法最流行，至少是最多人接受的方法。這種方法的信徒早早起床，晚上熬夜到深夜，週末還繼續工作。他們提著比別人重的手提箱，閱讀的報告、打出去和接聽的電話比別人多，參加更多的會議，收發更多的電子郵件、語音訊息和簡訊。他們在實務上更努力、工作速度比別人快，希望可以在競爭中取得領先地位。

依靠智力來打敗大盤的方法僅有少數投資人利用，包括極少數所擁有技巧能夠啟發所有投資人的人。他們努力進行更深入的思考，努力瞻望更遙遠的未來，以便對特定投資機會，得到真正優異的遠見和了解。

依靠情緒獲得較好的投資結果，是一直保持冷靜理性，絕對不會為了市場的利多沖昏頭腦，也絕對不會為了市場的利空而一蹶不振。這理應是最容易的方法，但是，事實上在市況向極端狀況發展時，投資人當中，到底有多少人會覺得，要維持「**善意忽略**」這種最有用的投資態勢真的容易做到呢？如果你像我們都接受天氣狀況一樣，也像以旅客身分搭機長途飛行時一樣，你在評

估這種事實狀況後，能夠接受自己再努力、對於被動接受現實的結論也不可能改善的話，那麼你就很適於這種「容易」的方法——而且像更多投資人在今天高度專業化的市場中投資時所學到的一樣，這種方法也是明智的方法。這時正是個人迫切需要發揮謙虛精神的時候。

其實利用指數型基金投資，是投資人輕鬆獲得和維持不公平競爭優勢的方法。如果你不能打敗對方，就要加入他們，這就是為什麼大家普遍接受指數化的原因。個人利用指數化還有一個更好的理由，就是你可以從中解放，像我們接受天氣狀況一樣，把你的時間和精力，花在你擁有決定性優勢的角色上、花在了解自己和接受市場現況上，這樣你就可以把你的企圖心和技巧，集中用來設計長期投資組合結構或股票投資組合，也可以用來設計債券與其他投資標的組合，以便你的設計能夠通過下列兩大考驗：

■ 從今以後，這個投資組合的市場風險會跟你和平共存。
■ 可預期的長期合理成果，會符合你自己的投資先後順序。

雖然有些投資專家技巧極為高明、心理極為獨立，以至於確實可以透過主動改變投資的方式，為自己的投資提高附加價值，但是紀錄一再顯示，這種專家的人數比大多數投資人所相信的還少。更重要的是，你在這種紀錄建立前，要看出其中一位大贏家的機會非常低。

有效的改換投資經理人——在令人失望的結果出現前，拋棄一位投資經理人，聘用新的投資經理人——幾乎是不可能完成的任務。我們應該承認，這種偶發性的「約會」會嚴重浪費時間和精力，所有認真的投資人都應該避免這樣做。多年來，資料顯示投資人在兩方面都做錯了。在退休基金中，遭到拋棄的投資經理人操作成績勝過新聘用的投資經理人，最近的一些研究顯示，散戶投資人也碰到同樣的問題。

　　把心力放在投資策略和資產組合決策上，可以掌握一個重大優勢，就是可以協助你避免無謂的尋找優異績效，讓你把注意力放在最重要的投資決策上——針對長期資產配置做出決定，以便儘量少犯原本可以避免的錯誤，降低引發無法接受的結果的機率，同時儘量提高你達成投資目標的機率。

　　如果像很多大師說的一樣，「成功是得到你想要的東西，快樂是接受你得到的東西。」那麼你可以靠著自己的投資，獲得成功與快樂，而方法是把心力專注在資產配置上，根據一些簡單的真理來投資，讓你的投資確實能夠為你和你的目的服務。大部分散戶要花很多年，犯很多錯誤，經歷很多慘痛的經驗，才會學到這種簡單卻絕對不容易的真理。幸好還有一種方便的替代方法，就像美國已故總統杜魯門極為明智的建議：「我們能藉由閱讀歷史學到很多知識。」市場就是市場，人就是人，但合在一起，他們便創造了一系列歷史。

　　以下是在今天的市場環境中從事指數化投資，可以得到的

「不公平」競爭優勢：

- 更高的報酬率。因為長期來看，80％積極型投資經理人的表現會敗給大盤，而且你幾乎不可能在事前，看出哪些經理人會變成勝過大盤的20％優秀經理人。
- 更低的管理費。指數型基金的管理費年復一年，都維持10個基點（0.1％）以下，反之，積極管理型基金的管理費年復一年都高達100到120個基點（1.0％到1.2％）。
- 稅負較低。因為指數型基金的周轉率低，每年認列的獲利比較少，短期獲利尤其如此。每年的平均稅負成本大約是1％，因此「光是節省這1％」，就可以把你的報酬率，從7％提高為8％，多出來的1％就是你每年多賺的利潤。
- 因為投資組合周轉率低，付出的券商手續費也比較低。指數型基金每年付出不到10％周轉率的手續費，一般積極管理型共同基金付出超過100％周轉率的手續費。
- 因為投資組合周轉率極低，「市場衝擊」成本也比較低。
- 方便。幾乎不需要保存任何紀錄。
- 不必擔心犯錯或失誤，可以求得安心。因為你不需要做波段操作、投資組合策略、選擇經理人之類極為容易犯下大錯的決定，另一個原因是沒有一檔股票會在你的投資組合中，占據不成比例的部位。
- 可以自由自在、專注在真正重要的決定上，例如跟你的投

資目標有關的決定，以及能夠為你帶來好處的合理長期投資策略與做法。

■ 焦慮或憂慮減少。因為你永遠不必擔心自己可能犯下作為失誤或遺漏失誤，造成不尋常的虧損，或是錯失大好良機。

隨著評估期間拉長，支持指數化的證據越來越多，而積極管理型基金的績效問題也相繼出現。長期而言，隨著越來越多技巧高明、擁有耐力和企圖心的人逐漸主導市場，市場一定會變得更有效率，因此想要打敗大盤變得越來越難。

大部分投資人會驚訝地發現，最「單純形式」的指數型基金組合，具有一半的國際化性質。原因如下：分散投資是投資人唯一「白吃的午餐」，而且我們可以合理地認為，按照比例投資在世界所有主要股市、投資在所有這些市場所代表的不同經濟體，會大幅提高分散投資的程度。

決定集中投資本國的投資人所做的決定，其實是強調本國比別的國家重要，如果他們的祖國像美國一樣，擁有龐大、複雜、動力十足的經濟體系，而且投資人在這個國家裡，又負有龐大的金融債務或責任，這樣做可能很正確。

要儘量降低跟報酬率相對的風險，或是儘量提高跟風險相對的報酬率，投資人至少應該考慮從事完全國際化的分散投資。對美國人來說，這點表示我們的投資組合中，大約有一半應該投資

在美國以外的地方。

　　但是在做這種決定前，每一位投資人至少都應該思考在大多數國家裡，大部分投資人主要都投資在自己國家裡的現實狀況，英國投資人專注在英國投資，加拿大投資人把重點放在加拿大，日本投資人把重點放在日本股票上，澳洲投資人放在澳洲股票上，紐西蘭投資人把重心放在紐西蘭股票上。然而，即使他們的大部分債務和支出責任都以本國貨幣支付，他們一定不可能隨時都完全正確。如果你醒來，發現自己是紐西蘭人或德國人，你會不會把大部分投資投入你的新祖國呢？

　　讀者很快就會承認指數化有一個優勢，就是長期持有可以讓你享受善意忽略的樂趣，也可以避開操作時機的問題——避開什麼時候應該從一個市場和這個市場的代表指數，轉換為另一個市場和這個市場的代表指數的問題——而且靠著長期持有這個簡單策略，幾乎能規避掉所有的稅負，當然，這樣做要靠一開始便選擇正確的指數型基金。這就是明智的投資人會選擇以較低成本、複製最大市場指數型基金的原因，對於非常理性的投資人來說，這種基金應該是世界性的「全市場」指數型基金[1]。

　　目前銷售中的二百多檔指數型基金中，包括五十檔不同的標準普爾500指數基金。請注意，並非所有的標準普爾500指數型基金都一樣，有些指數型基金的收費較高。

---

1. 台灣可透過國內銀行或投信公司，購買其代銷之國外指數型基金。或可開立國外券商帳戶如Firstrade。

有一樣取代指數型基金的東西或許值得考慮，就是ETF。第一檔ETF是由道富全球稽核銀行（State Street Global Auditors Bank）在1993年發行的，名叫標準普爾存託憑證（SPDR，Standard & Poor's Depository Receipt）。SPDR的發音像英文的蜘蛛（spider），是標準普爾存託憑證的字首縮寫，資產接近1000億美元，是世界上交易最熱絡的股票，平均每天成交量超過2.25億股。ETF和共同基金不同，共同基金由基金公司銷售和贖回，ETF是由一組追蹤特定股票指數的成分股構成，在交易所中交易，可以透過經紀商買賣，在平常的交易日裡全天交易。ETF的費用比率通常比較低──標準普爾500指數ETF的費用比率為0.09％，標準普爾500指數型基金的費用比率為0.18％。然而，購買指數型基金不需繳納手續費，購買ETF卻必須付出經紀商手續費，因此如果你是定期小額購買的投資人，你應該利用指數型基金。

ETF的成本差異很大，卻沒有必要。有些幾乎完全相同的指數型基金，成本卻可能高出三倍，還沒有提供附加價值。例如，先鋒公司和摩根士丹利公司都銷售標準普爾500指數型基金，但是後者的收費高出四倍，卻沒有提供任何附加價值。投資人要注意：ETF的費用比率差距也很大，費用比率從0.05％到1.6％不等，兩者的差距達到八十倍。

對應稅帳戶投資人來說，ETF在租稅效率上，擁有小小的優勢，因為傳統指數型基金必須配合指數成分股的變化，每年大約產2％的資本利得；ETF不配合指數成分股的變化調整投資組

合（有一些指數型基金經理人提供租稅管理指數型基金，以便減少這種其實已經相當小的劣勢）。這種租稅效益可能因為ETF必須付出經紀商手續費，以至於必須付出較高成本而抵消。

1993年第一檔ETF推出以來，ETF已經蓬勃發展，從資產、檔數和類別來看都是這樣（參閱下頁圖7‧1）。目前全世界的ETF超過一千五百檔，資產總額接近7500億美元。投資人應該知道，ETF的大部分成長不是來自散戶投資人的需求，而是來自經紀商與專家為了規避特定風險的需求，這種投資都不是長期投資。

指數型基金和ETF遍布世界各地，不但包括各個主要市場，還包括小型股、大型股、成長股、價值股或全球股票（全世界股市）。然而，雖然每一種指數設計時，都希望公平而精確地複製股市，或是複製其中一種類股，但是並非所有的指數都完全一樣，各種指數會有不同，通常其中的差異很小、很不重要，但是在某些市場中，不同指數以及追蹤這些指數的指數型基金之間的差異卻很大。

巴菲特曾經估計過當前積極型投資的年度成本，認為這種成本是「可怕的成本」：

- 光是交易財星五百大企業的股票──以每股交易成本6美分計算──交易成本就超過400億美元。
- 管理費、雜項費用、銷售手續費、帳戶包管費用等合計350

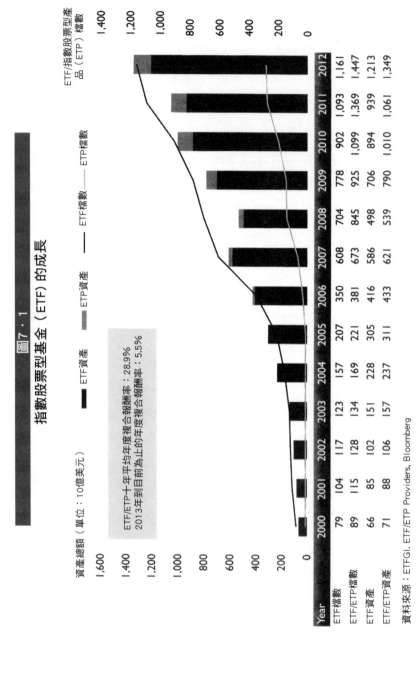

圖 7 · 1

指數股票型基金（ETF）的成長

ETF/指數股票型產品（ETP）檔數

資產總額（單位：10億美元）

ETF資產　ETP資產　ETF檔數

ETF/ETP十年平均年度複合報酬率：28.9%
2013年到目前為止的年度複合報酬率：5.5%

Year	2000	2001	2002	2003	2004	2005	2006	2007	2008	2009	2010	2011	2012
ETF檔數	79	104	117	123	157	207	350	608	704	778	902	1,093	1,161
ETF/ETP檔數	89	115	128	134	169	221	381	673	845	925	1,099	1,369	1,447
ETF資產	66	85	102	151	228	305	416	586	498	706	894	939	1,213
ETF/ETP資產	71	88	106	157	237	311	433	621	539	790	1,010	1,061	1,349

資料來源：ETFGI, ETF/ETP Providers, Bloomberg

億美元。

■ 期貨與選擇權內外盤差價、各種年金成本等雜項支出合計
250億美元。[1]

請注意，這一切「只占」財星五百大企業總市值的1％，而總是以股東應有的眼光看待實際狀況的巴菲特提醒我們，這1000億美元把這一年所有財星五百大企業賺到的3340億美元，吃掉很大一塊。因此投資人賺到的報酬不到2500億美元，只占投資人10兆美元投資的2.5％。巴菲特認為，這2.5％的投資報酬率是殘羹剩菜。難道我們能否認這種看法嗎？

散戶投資報酬率的另一個「漏洞」，出自投資組合周轉率造成的稅負。周轉率越高，稅負越重，累積的報酬率越低（共同基金經常實現短期利得，稅負的不利影響甚至更大）。

如果你決定在自己的投資組合結構中，「加碼投資」小型股或新興市場，甚至加碼投資邊境市場，你可以利用指數型基金、ETF，或兩者一併利用。但是請小心：**投資美國、英國和日本之類高效率市場的大型股時，贊成以指數型基金形式去投資**。特殊型指數型基金和特殊型ETF投資的市場沒有這麼龐大，收入、訂價也沒有這麼有效率。在比較小的市場中，要複製市場比較難，

---

1. 成本由成分股配發的股息中扣除，剩下的股息每半年發放一次（經紀商靠手續費、借券和從成分股公司接受股息時開始，到每半年把股息發放給ETF股東時之間的流動性利益賺錢）。

也比較不精確。你離開最有效率的市場時，以研究為基礎的最高明積極型經理人確實有勝過指數的可能性，的確會因為你的做法而提高。

ETF和指數型基金一樣，都應該由深思熟慮的投資人以低成本的方式，長期投資在分散投資的投資組合中。投資是一種過程。好的投資出自非常好的連續過程，就像在每一座連續製程工廠中一樣，要是有什麼東西能夠吸引旁觀者的注意，一定是製程中的問題。

特殊型ETF提供投資單一市場或單一商品的「機會」。這些ETF包括超過一百檔簡單的國家型ETF、超過一百五十檔的單一商品型ETF，以及二百種融資或反向融資的ETF。除非你是大家公認的世界級專家，或是有某些特殊理由，必須利用其中一種特殊型的ETF，否則你連考慮都不用考慮[2]。

---

2. 超過95％的ETF、85％將ETF納入資產的投資組合，都是特殊型指數股票型基金。

Chapter 8

矛盾

要創造優異的投資成果，真正的機會不在於努力擊敗大盤，而在於建立和遵守適當的投資策略。

　　有一種矛盾讓投資經理人備感困擾，這種矛盾是他們管理長期目標的基金時，並不追求實現合理又可行的長期目標，而是追求不合理、不可行、不重要的短期目標。

　　大多數投資經理人把大部分時間，用在設法「擊敗市場」這個不重要又困難的工作上，卻少有成就，甚至毫無成就可言。實際上，如果不承受高於正常水準的市場風險，績效卻能夠持續超過市場水準，即使是半個百分點，也是重大成就，然而，卻沒有多少投資機構，能夠長期達成這個目標。諷刺的是——而且讓散戶和投資機構難過的是——致力打敗市場的投資經理人，績效幾乎總是落後市場指數。

　　有一個真正重要卻不困難的任務，才是投資人和投資經理人可以用心、也應該真正用心的地方，這項任務包含下列四個步驟：

1. 了解每一位投資人的真正需求。

2. 擬定符合客戶真正需求的務實投資目標。

3. 根據特定風險與報酬目標，建立資產配置或投資組合結構。

4. 擬定合理的投資策略，並徹底執行，以實現投資人實際的長期投資目標。

投資經理人在這項任務中，可以相當輕鬆地創造成就，這是贏家遊戲，每一個人都可能變成真正的贏家。在每一座滑雪勝地裡，所有的雪道都標注難易度，讓每一位滑雪的人都可以到最適合的雪坡去。新手知道「兔寶寶雪坡」會鏟得很平，沒有冰塊、隆起，十分適於緩慢而輕鬆的滑雪。一年滑雪一百天的十七歲少年可以在專家級的滑雪道上追逐。如果滑雪的人全都到適合自己的坡道上滑雪，那麼成千上萬的滑雪者便可以同時享受在山上滑雪的樂趣（如果十七歲的少年只能在新手的雪坡上，或是老奶奶到專家級雪道上滑雪，一定都會很難過）！

如果不同種類的投資人看待自己時，看待自己的投資組合時，都抱著務實態度，同樣的現實狀況會為不同的投資人發揮作用。我們在下列很多方面都大不相同：

■ 資產

■ 所得

■ 時間架構

- 眷屬
- 投資經驗
- 風險忍受度
- 可能繼承的財產
- 行善意願

　　可能沒有一個人很像你我或任何其他投資人（我們的指紋、DNA和眼睛也全都跟別人不同）。因此，真正適於每一位投資人的東西很可能也是獨一無二的東西，這就是為什麼每一位投資人應該量身定做自己的投資組合，追求勝利，達成真正適合自己的投資目標的原因。

　　要創造優異的投資成果，真正的機會不在於努力擊敗大盤，而在於建立和遵守適當的投資策略，以便從市場主要的長期趨勢中得到好處。投資人應該明智地訂定具有長期觀點和明確目標的投資策略，並且根據這種強而有力的基礎，建構投資組合，進行長期管理，熬過很多次的市場循環。

　　實際上，很少投資人曾經發展出明確的投資目標，這就是為什麼大部分投資經理人操作時，並不切實了解客戶的真正目標，以致於彼此間沒有明白的協議，不能用來規範投資經理人管理客戶投資組合的任務。這是投資人的錯誤。

　　要追求長期的獲利，投資諮詢遠比管理投資組合重要多了，而且在很長的期間內，投資諮詢對客戶在經濟上的影響大多了，

大部分投資人既不遵照紀律，努力為自己擬定健全的長期投資策略，也不肯付出少少的費用，尋求投資諮詢這種比較重要的服務。

要訂出正確的投資策略，完全要靠投資人自己——畢竟投資的資金是你的錢，你最了解自己的整體財務和投資狀態，包括你的賺錢能力、儲蓄能力、小孩的教育支出、需要可動用資金的時間和額度，以及你對投資紀律的看法。只有你知道自己對行情變化的忍受度，尤其是在市場走向極端、投資策略不確定、改變的壓力最大時，更是如此。因此，了解自己真正的需求是你的責任，這種責任雖然可以放棄，實際上卻不能假手他人，不過投資人可以得到投資顧問的大力協助。

每一位投資人都應該思考自己對下列六個重要問題，會提出什麼樣的答案。

第一，績效不佳的真正風險是什麼？尤其是會構成什麼樣的短期風險？你永遠不應該甘冒無法接受的風險，例如，把存給高三學生所需要的大學學費，都拿去投資在股市裡並不合宜，因為如果市場走低，這位學生可能繳不起學費。又如在預定購屋日期前兩、三年，把購屋的儲蓄投入股市，也沒有道理。

第二，如果績效不佳，你會有什麼樣的情緒反應？你應該了解，並且牢牢留在你對投資組合價值中期波動的忍受程度範圍內——而且這種忍受度應該是十分了解之後的忍受度。這裡刻意強調的是了解後的忍受度，因為避開市場風險的確有一種真正

的「機會成本」。這就是為什麼你應該充分了解，隨著你承受的每一種市場風險水準提高，你必須預期會有哪一種盈虧提高的風險——以及不冒每一種水準的市場風險，分別會有什麼樣的機會成本。

第三，你對投資和金融市場的風雲變幻有多了解？除了事後回想之外，投資並非總是「有道理」。有時候，精明的投資看來幾乎極為違反直覺。「不了解」通常會讓投資人在空頭市場時太謹慎，在多頭市場時太有信心——結果經常因此付出相當高昂的代價。我們的建議是到圖書館去，花幾小時，閱讀1929年夏季與秋季、1987年秋季、網路泡沫期間或2008年秋季每天的報紙。近距離親身了解，可以協助你了解處在風暴中是什麼感覺，也可以協助你學會在下一次風暴中保持鎮定。

如果投資人十分了解投資環境，就會知道自己應該期望什麼，就能夠鎮定地應付令人不安的經驗，其他投資人可能因為比較不了解，對於罕見的有利或不利的市場經驗，可能反應過度。

第四，你是否還有其他的資金或所得來源？你的投資組合對你的整體財務狀況有多重要？

第五，你的投資有沒有法律限制？很多信託基金相當特別，很多校產基金有著可能很重要的限制，特別是在規定所得如何定義和動用方面，訂有明明白白的限制。

第六，投資組合價值是否出現一些意外的短期波動——可能是相當大幅度的波動——從而可能影響你的投資策略？投資人也

應該研究所有可能風險中的每一種，以便確定自己可以從正常的最佳投資策略中，偏離多少程度——卻仍然能夠充分地分散投資，所冒的市場風險只略高於一般水準。我們全都知道，散戶在市場快速上漲——或者在更糟糕的情況下快速下跌時，很難繼續採取長期觀點。

堅持自己的主張、負起對自己和家人真正責任的散戶實在太少。如果投資人不願意像資金主人一樣行動，我們可以確定地說，利用短期重點管理長期投資的矛盾，會繼續存在很長、很長一段期間。**對散戶投資人來說，擊敗大盤的契機，是在適於自己的真正投資目標和長期投資策略之間求得最適當的平衡。**

憤世嫉俗的人觀察投資管理中這種揮之不去的矛盾後指出，期望投資人規範自己，做好所有功課，或是期望投資經理人冒著危害自己和客戶的關係，在投資人似乎無意自我規範時，堅持推動深思熟慮、目標明確、細心說明的投資策略，實在是不切實際。

因此，能否逃脫這種矛盾，要看你是否能夠在自己的需要和財力方面，主張自己才是專家，進而擬定適當的投資目標與投資策略。就這種重要的任務來說，我們雖然可以得到有經驗財務顧問的若干實質協助，但是主要還是要靠自己。

你可以靠著重新制定自己的目標，把重點放在真正重要的事情上，也就是不花費心力去打敗大盤，而是致力制定和達成合理、高度可行的務實長期投資目標。

Chapter 9

時間，阿基米德的槓桿

時間會把最沒有吸引力的投資，變成最有吸引力的投資。反之亦然。

在投資方面，時間是阿基米德的槓桿。大家經常引述阿基米德的名言：「給我一支夠長的棍子和一個支點，我就可以舉起地球。」在投資方面，時間就是這支棍子（支點當然是堅定而實際的投資策略）。

在任何成功的投資計劃中，時間——投資時間的長短、評估和判斷投資成果的期間——是至為重要的因素，因為它是制定正確資產組合的關鍵要素。

時間會把最沒有吸引力的投資，變成最有吸引力的投資，反之亦然，因為預期的平均投資報酬率雖然完全不受時間影響，以預期平均值為中心的實際報酬率，受時間的影響卻很大。要是有足夠的時間，原本似乎沒有吸引力的投資，可能變得極有魅力，反之亦然。

投資持有的時間越長，投資組合的實際報酬率越貼近預期報酬的平均值。反之，個別投資標的的實際報酬率，會隨著時間拉長而擴大。因此，在不同的條件和目標下，時間會改變投資人對各種不同類別投資組合的應用。

如果時間比較短，長期投資人卻專注於回報最高的投資標的，實際上並不適宜，聰明的短期投資人會避開這種投資。但是如果投資期間很長，聰明的投資人可以不必承擔太多的焦慮，堅持這種短期看來很冒險的投資。

一般而言，計算投資報酬率，也就是計算投資報酬率的平均值和分布狀況，所使用的期間通常是一年。這種時間架構很常見，大家也普遍利用，卻根本無法配合不同投資人的時間要求，因為投資有各種不同的限制，目的也不同。有些投資人一次只投資幾天，有些人卻會持有投資幾十年，在投資領域中，時間的架構非常重要。

為了顯示時間到底多重要，我們現在要誇大其實的看看投資普通股一天的預期投資報酬率。

如果一般股票的每股價格是40美元，在正常的交易日裡，價格波動範圍很可能是在39.25至40.5美元之間，波動幅度是1.25美元或3.1％。請記住，最近幾十年內，股票的平均年度報酬率大約為10％，我們假定投資這種假設中的一檔股票，應該會獲得0.04％的每日報酬率（10％的年度報酬率除以一年二百五十個交易日），預期的每日平均波動幅度為正或負1.55％（每日波動幅度

3.1％除以2）。

　　現在我們把0.04％的每日報酬率，和3.1％的波動幅度化為「年率」，預期的年度平均報酬率應該還是10％，但是以10％為中心的報酬率範圍卻高達正負387.5％！換句話說，投資我們所假設的股票一天，年度報酬率介於獲利405.5％和虧損372.5％之間！

　　當然，沒有一位理智的投資人，會故意只投資股票一天、一個月、甚至一年，因為時間明顯太短，和預期的報酬率平均值相比，這種投資的預期報酬率變化太大。這樣投資普通股會造成額外的不確定性，沒有夠大或夠確定的報酬來平衡其中的風險。持有普通股的時間這麼短不是投資，而是極端的投機。

　　儘管如此，這樣故意利用年度投資報酬率，模擬一天的遊戲，能引導我們認真分析，評估時間變化對投資滿意度的影響。這樣檢討會顯示為什麼擁有長時間架構的投資人，可能會把所有的資金，投資在普通股上，就像另一位擁有短時間架構的投資人，把所有資金只投資在國庫券或貨幣市場基金一樣，兩種做法都一樣明智。這種檢討也顯示，為什麼中期投資人的時間架構延長時，會把投資重點從貨幣市場基金，轉移到債券，而且會逐漸提高股票投資的比重。

　　不論投資期間怎麼變化，預期的投資報酬率平均值始終不變，時間對實際實現的報酬率所產生的深遠影響，清楚的顯示在下頁圖9‧1中。

　　從長期看來，一年計算一次股票年度投資報酬率幾乎沒有連

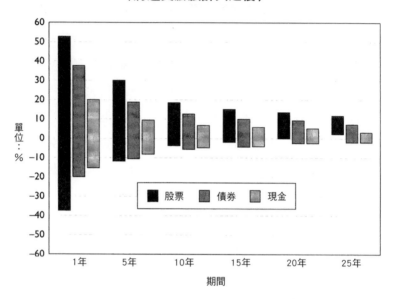

圖9·1

股票、債券與現金實質報酬率分布狀況
（將通貨膨脹計入之後）

單位：%

期間

股票　債券　現金

貫性，顯示獲利有高有低，虧損也有大有小，整個型態似乎呈現隨機型態。在最好的情況下，你每年可以賺到53.4％，但是在最壞的情況下，你可能虧損37.3％。要「簡化」分布這麼散亂的眾多一年期經驗，希望從中得到任何投資報酬率的「平均值」，是幾近荒唐的事情。

把期間改成五年，投資收益的規律性會大幅增加。例如，虧損的期間減少，獲利期間似乎變得更頻繁、更持續，因為隨著評估期間拉長，長期平均報酬率逐漸壓倒單一年度的差異。

把期間拉長為十年，會使報酬率的一貫性提高，十年期間你只會碰到一次虧損，大部分期間都會出現平均5％至15％的年度獲利。平均報酬率的力量——現在經過整整十年的複合成長後——會壓倒單一年度的差異。

把時間延伸到二十年，可以更為提高投資報酬率的延續性，其中沒有虧損的期間，全部都是獲利期間。而且獲利更趨近長期的預期投資報酬率平均值。

要了解上述資料的意義，知道這種實際投資經驗是從持續一貫的經驗中取樣很重要。即使是在新英格蘭，把天氣拉長，拉到以長期為基準考慮時，天氣也會變成有意義和可靠的氣候，即使要預測個別的嚴寒或酷暑的日子很難，要預測這種天氣在哪一天出現更難，但是新英格蘭的天氣還是會變成有意義、可靠的氣候[1]。同樣的，在投資天地中，耐心的觀察家才可以看出真正潛在的基本型態，讓看來隨機分布的每年、每月、每天這些毫無規律的表象，不會顯得這麼不連貫或混亂，而是有規律可循。

在天氣和投資方面，樣本數越大、越多，我們越容易了解樣本所取樣母體的正常分配特性。對這種正常經驗有所了解時，你就可以控制自己的行為，利用長期具有主導性的正常型態，而不至於因為令人困擾的日常事件甚至是年度事件，由於在短期內展現極為龐大的力量、引發令人注目的市場劇烈波動，害你陷入驚慌失措的困境。

1.美國新英格蘭的天氣複雜多變、難以預測，在新英格蘭的不同地區，氣候也不盡相同。

你決定投資策略時，最重要的問題是資產組合，尤其是固定收益投資和股票投資的比率。資產組合分析一再顯示，風險與報酬之間的權衡由一個重要的因素決定，也就是由時間因素決定。

不幸的是，大家極為頻繁採用的時間架構不是專門為特定投資人而選定，而是採用一般常用的五年期間，採用五年的時間架構，通常會導致大家採用常見的60：40股債比率的投資建議。採用十年的時間架構，通常會採取80：20股債比率的建議；採用十五年的時間架構，通常會採取90：10股債比率的建議，其餘可以以此類推。不過，這些時間架構對於希望提供家人財務安全的大部分散戶來說，都不「適當」，因為大部分投資人活著和投資的時間都會超過二十年，對於投資時間架構長達二十至五十年，甚至更長的投資人來說，上述時間架構全都太短。顯然，如果更多投資人採用真正的長期思考，應該可能會用不同的方式投資，賺到比較高的長期報酬率。

Chapter 10

投資報酬率，要看長期

短期投資報酬率的差異看來可能很小，長期而言，在複利計算下會產生乘數效果，變成相當明顯的重大差異。

　　投資報酬率以兩種大不相同的形式出現：一種是相當容易預測，來自利息或股息的現金；另一種是短期內相當難以預測的行情漲跌。投資人把大部分的時間和技巧，放在掌握行情的變化上，設法勝過其他投資人，提高投資報酬率。這種做法是重大錯誤。

　　行情會變化，是因為積極型投資人對適當股價的共識有變化，這種共識不是由散戶決定，而是由成千上萬持續尋找機會、追求投資獲利的專業投資人決定。這些專業投資人為了尋找機會，必須：

- 研究所有主要國家的貨幣、財政、經濟狀況與政治情勢發展。

- 拜訪數以百計的公司，參加數以千計的早餐、中餐和晚餐聚會，跟企業經理人、經濟學家、產業專家、證券分析師和其他專家會晤。
- 研究幾百家公司和幾十家大型證券公司製作的研究報告和分析。
- 大量研讀產業界的出版品。
- 幾乎不斷地在電話上，跟擁有理念、資訊或遠見的人談話，希望藉此改善自己的投資績效。

專業投資人除了要研究理性的世界之外，也要研究不理性的世界，如「投資人心理」、大眾信心、政治狀況和「市場風氣」，因為在短期內，經由市場先生的操作，市場和行情跟人性很接近，並非徹底理性。投資人認知與解釋資訊的方式、因應情勢發展的方式，對行情會有很大的影響，短期內尤其如此。因此，專業投資人總是在自己的意見被其他投資人利用之前，尋找和利用其他投資人的意見。專業投資人即使做足功課，他們的所有解釋和認知也不會完全正確——事後回想，有些人錯得離譜，但是成千上萬十分積極主動的專家全都努力尋找正確的價格，這種程序極為嚴峻、需要充分的技巧，因此很難擊敗。

在今天動力十足的市場上，投資管理是一種動盪不安、迷人、希望無窮、令人痛苦、壓力強大卻又令人愉快的過程。投資人在世界上最自由、最競爭的市場中，對抗很多才氣十足、雄心

勃勃的競爭者，希望靠著更豐富的知識、更明智的解釋、更好的操作時機拿捏，贏得優勢。諷刺的是，對大多數專業和個別投資人來說，其實這些活動大都不重要，不重要的原因並非這些投資專家才氣不足，而是因為他們的對手中，有太多人都同樣的才氣十足。

　　從表面上看來，這種程序十分複雜，但是在評估股票價值方面，有兩大主要領域。第一是投資人對於可能的未來盈餘與股息的數量和出現時機的共識；第二是投資人對於預計的未來股息和盈餘應該如何利用，以便建立股票現值的折現率共識。

　　對於未來股息與盈餘的預估，會因為投資人和時間的不同，而有差別。原因在於大家對預估的長期經濟與工業成長率、對單位需求的循環性波動、價格與稅負、發現和發明、國內和國外競爭的變化等因素，看法會有變化。長期而言，大家認定的適當折現率會隨著很多因素變化，其中最重要的因素是對特定投資或一般投資風險的認知，以及預期的通貨膨脹率。

　　投資人估計未來盈餘、股息與折現率的期間拉得越長，對現值的估價變化造成的股價逐日或逐月波動會越大。

　　長線投資人從經驗中都了解，經濟行為的常態分配曲線具有絕佳的紀律，也就是事件的正常分布情況以及經濟體系與股市中主要力量透過回歸平均數、強力趨向正常狀況分配的趨勢，也具有絕佳的規律性。他們知道目前的事件和常態分配中心的平均數乖離越遠，回歸平均數原則把目前的資料向中心拉回的力量越大。

物理世界也表現出回歸平均數的特性。水手深知「復原力臂」驚人的力量，當帆船越來越傾斜時，龍骨會發揮越來越大的力量，把船身扶正，使帆船難以進一步傾側。旱鴨子擔心翻船的時候，有經驗的水手卻知道，防止帆船進一步傾側的力量正在增加。同樣的，今天的氣溫越高，明天的氣溫就可能比今天低，超級長人的小孩通常沒有那麼高。

投資人都希望知道未來的投資展望。展望未來的方法之一是評估兩大變數的可能變化，也就是評估長期利率和企業獲利。為了切合實際，我們假設未來的利率和獲利範圍會局限在歷史上下限之間，而且通常會趨近兩者各自不同的平均數。這裡要警告大家：如果市場一直上漲，投資人評估未來展望時，通常會看後照鏡，會為未來展望增添若干上升的力量；如果行情一直走低，投資人會在展望中增加一些下跌的力量。但是明智的投資人會針對這種追漲殺跌的人性趨勢，加以調整。[1]

請注意，**對長線投資人來說，重要的共識不是今天大家對遙遠未來所凝聚的共識，而是我們實際到達遙遠未來時流行的共識。**隨著投資人持有投資的期間拉長，折現因素的重要性會下降，企業獲利與股息分派的重要性會提高。

對於長線的投資人來說，盈餘和股利的相對重要性非常高。

---

1. 新千禧年即將來臨時，投資人的共識顯示：他們實際上預期未來將近13%的年度平均報酬率，會把當時強而有力的多頭市場再延長十年之久，巴菲特卻用這種直截了當的方法，顯示他為什麼預期未來的實質年度報酬率只有4%而已。他對令人愉快的共識，再度抱持懷疑態度，的確是正確之至！

對於注重價格的短線投機客而言，一切都要看投資人心理逐日、逐月的變化而定，也要看大家願意支付的價格而定。一般的長線投資經驗像氣候一樣，絕對不會讓人驚訝，但是短線經驗卻像天氣一樣，總是令人驚異。

眾多的研究顯示，投資報酬率的歷史有三個基本特性：

■ 普通股的平均報酬率高於債券，債券的平均報酬率又高於短期貨幣市場工具。

■ 普通股每天、每月和每年實際報酬率的波動程度，高於債券報酬率的波動程度；債券實際報酬率的波動程度，又高於短期貨幣市場工具的波動程度。

■ 時間框架越短，投資報酬率期間的波動程度越高；時間框架拉長，投資報酬率期間波動程度會減低。換句話說，就比較長的時間架構來說，投資報酬率會顯得比較正常。

雖然每天、每月和每年的報酬率幾乎都顯示本身不具有預測力量，也沒有可以預測的型態，實際上卻絕非隨機分配，報酬率回歸平均數的強大趨勢隱藏在市場波動中，這就是投資經理人學會用正式統計名詞，描述投資報酬率的原因。散戶最好熟悉統計學名詞，才能了解平均數和正常分配的意義，也才能了解兩個標準差的意義，以便衡量罕見事件預期出現和確實發生的頻率。

除了知道報酬率根據平均數分配的重要性之外，我們也必須

知道怎麼區分平均報酬率中的不同構成因素，而且要學會怎麼分析每一種因素。

平均報酬率中包括三個主要構成因素：

■ 無風險實質報酬率。
■ 無風險投資報酬率之上的溢價，這種溢價是要用來彌補預期通貨膨脹對購買力的侵蝕。
■ 經過通貨膨脹調整後的無風險投資報酬率之上的溢價，這種溢價是要用來彌補投資人所接受的市場風險。

把總報酬率分為這三種報酬率，使我們可以比較股票、債券和國庫券三種不同型態投資的報酬率。那魯大學教授伊博森（Roger G. Ibbotson）和美國投資名人辛克菲（Rex A. Sinquefield）在一系列劃時代的研究中，已經做過這種研究，他們的分析很有啟發性。

國庫券似乎相當安全可靠——這是就名目狀態而言，不是指經過通貨膨脹調整之後——幾乎在所有年度裡，都出現明顯的正報酬率。然而，經過通貨膨脹調整後，報酬率為正值的年度所占比率不到60％。更驚人的是，經過通貨膨脹調整後，國庫券的平均年度報酬率為0。

換句話說，國庫券通常頂多只能追平通貨膨脹，在大部分的情況下，你的確可以拿回自己的錢，這些錢的購買力安然無損。

但是你的收穫也只有這些而已，實際上，你的錢沒有得到任何實際報酬，國庫券只是把你的錢歸還給你而已（請參閱圖10·1）。

　　長期債券經過通貨膨脹調整後，會產生比較高的投資報酬率，原因有兩個：一是公司債有倒債的風險，二是公司債和政府公債因為到期日比較遠，迫使投資人暴露在市場波動風險中。投資人為了因應利率變化，除非獲得比較高的投資報酬率作為補償，否則不願意暴露在這種行情波動風險中，因此長期債券必須付出比較高的利率，這就是到期溢價。根據估計，到期溢價約為0.9%，高評等長期公司債倒債溢價約為0.5%。把這兩種溢價加在

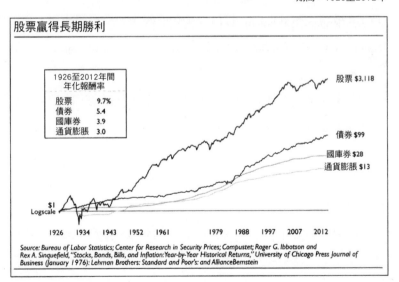

圖10·1

美國資本市場投資財富指數

期間：1926至2012年

股票贏得長期勝利

| 1926至2012年間 |
| 年化報酬率 |
股票	9.7%
債券	5.4
國庫券	3.9
通貨膨脹	3.0

股票 $3,118

債券 $99

國庫券 $28
通貨膨脹 $13

$1
Logscale

1926　1934　1943　1952　1961　　1979　1988　1997　2007　2012

Source: Bureau of Labor Statistics; Center for Research in Security Prices; Compustet; Roger G. Ibbotson and Rex A. Sinquefield, "Stocks, Bonds, Bills, and Inflation: Year-by-Year Historical Returns," University of Chicago Press Journal of Business (January 1976); Lehman Brothers; Standard and Poor's; and AllianceBernstein

無風險投資報酬率中，在正常的市場上，政府長期公債經過通貨膨脹調整後，年度實質報酬率略高於1％，高評等長期公司債的報酬率接近1.5％。

股票報酬率高於債券報酬率的確很有道理，因為債券保證支付利息，而且在到期日時，歸還全部面值。股票為了彌補沒有這種保證，就在正常報酬率中加入風險溢價，經過風險調整後的預期股票實質報酬率大約為6％。

排除通貨膨脹的不利影響後，如果你以長期合理的角度評估各種報酬率，情形就會很清楚，投資報酬率——投資人為自己的資金所要求的報酬——實際上極為持續一貫，這種一貫性起源於兩個主要因素：

■ 投資人有合理的一貫性，會要求較高的投資報酬率，補償他們所接受的較高市場風險。
■ 隨著評估投資報酬率的時間框架拉長，折現率變化造成的報酬率短期波動變得越來越不重要，而更穩定的預期股息則變得越來越重要。

我們沒有希望從股票投資中，得到精確或十分「正確的」投資報酬率資料，而且我們不能希望得到這種資料；正如同我們從其他複雜、動力十足、受眾多外在大小因素影響的持續程序中取樣，得不到正確的資料一樣。不過我們可以得到非常有用的近似

值，了解過去報酬率的實際狀況和最可能出現的情況，我們要建立長期基本投資策略時，這就是我們實際上所需要的一切。

除非你在評估期一開始時買進，在評估期結束時賣出，讓資金完全退出市場，否則績效資料只是代表性的統計，是描述取材自長期持續過程中的樣本。在這種過程中，股價經歷一系列「隨機漫步」過程，每一檔股票在這種過程中，都根據不斷修正的未來盈餘和股息預估，以及經常變化的折現率預估，得到一連串實際現值的近似值。

跟投資報酬率有關的另外兩個問題很重要，第一，預期通貨膨脹水準對投資報酬率變化的影響很大，對幾乎等於永續投資的普通股尤其如此。預期通貨膨脹率從1960年的大約2％，上升到1980年的10％左右，這種通貨膨脹率變化（加上其他變化），使大家要求的普通股名目平均投資報酬率，從1960年的大約9％，上升到1980年的17％左右，這種情形造成股價大幅下跌。未來報酬率降低到這種水準後，應該可以符合投資人買進股票時所要求的實質報酬率。請注意，加上通貨膨脹的蹂躪後，投資人在這段「調整」期間所經歷的虧損，是半個世紀以來最慘重的一次。預期通貨膨脹率下降會有相反的效果，就像我們在1982年所看到的情形一樣，也像我們在隨後二十五年多頭市場股價上升期間所看到的情形一樣。

第二個問題是短期投資報酬率的差異看來可能很小，長期而言，在複利計算下（因為金融機構不但要對本金支付利息，也要

對再投資的利息支付利息），會產生乘數效果，變成相當明顯的重大差異。有人問愛因斯坦，問他認為人類最有力量的發現是什麼？據說他毫不猶豫的回答說：「複利！」

圖10‧2所示，是投資1美元，用不同的利率，經過長短不一的不同期間複利計算，所得到的複利效果。這張表值得仔細研究，要看出時間多麼有力，尤其要小心研究。時間是投資中「阿基米德的槓桿」，道理就在這裡。

離開投資報酬率令人愉快的天地前，我們要再看一看第9章的圖9‧1（第118頁），尤其要看二十五年報酬率的資料。這些中等幅度的實質報酬率水準（經過通貨膨脹調整後）令人印象深刻，

圖10‧2			
複利的長期影響極大			
	投資期間		
複利計算的投資報酬率	5年	10年	20年
4%	$1.22	$1.48	$ 2.19
6	1.34	1.79	2.65
8	1.47	2.16	4.66
10	1.61	2.59	6.73
12	1.76	3.11	9.65
14	1.93	3.71	13.74
16	2.10	4.41	19.46
18	2.29	5.23	27.39
20	2.49	6.19	38.34

也深具啟發性，因為股票的實質報酬率為6.6%，債券的實質報酬率為1.8%。

投資人經歷十分特別的四分之一世紀，得到大致十分有利的投資經驗後，必須在新世紀的初年，提醒自己，什麼狀況才是正常或「基本」的投資報酬率。上一個四分之一世紀的高名目投資報酬率遠高於基本報酬率——2008年的虧損極為殘酷的證明了這一點。

要注意平均值，如果股票每年創造平均10%的報酬率，過去七十五年來，股票實際上創造10%報酬率的情形有多頻繁？只有一次，就是1968年。報酬率接近這個特定數字的情形有多頻繁？只有三次，這就是投資人必須「攤平」很多年歡樂和痛苦市場時光的原因，這樣做並不容易。

下一次你因為多頭市場行情暴漲而覺得興奮時，請記住航空公司駕駛員眼中兩種乘客的「強烈願望」。第一種願望是急於到達重要會議現場，卻因為飛機停在地上，等待天氣改善的不耐煩乘客的願望，這種乘客會說：「我向上帝祈禱，我們已經在空中飛行。」第二種願望是在空中飛行的乘客所說：「我向上帝祈禱，我們已經降落在地上！」

大部分投資人不希望武斷地放棄大獲全勝的機會，不希望放棄預測「神準」的機會。如果你相信法國微生物學家巴斯德（Louis Pasteur）所說：「機會是留給準備好的人。」你就一定要做好準備，首先，要做好得不到任何機會的準備。近五十年來，在和很

多世界頂尖投資者的交流中，只發現兩次很多其他人看不出來的重大機會，這種發現比率等於幾乎耗用所有時間搜尋二十五年，才有一次發現。

如果你發現一個重大的投資機會，你應該怎麼辦？要設法問下列四個問題，然後請別人跟你一起評估你的推理過程：

1. 有什麼地方可能十分順利，可能性多高？
2. 有什麼地方可能出錯，可能性多高？
3. 我是否極有自信，以至於我計劃把自己投資組合的一大部分，投入這個機會中？
4. 如果價格下跌，我是否真的希望加碼買進？

Chapter 11
投資的風險管理

投資人暴露在三種投資風險中，其中一種根本無可避免。在投資管理中，最重要的因素是如何做好風險控管。

風險是極為簡單的字眼，但不同的人賦予風險的定義卻是天差地別。

風險和不確定不同，風險描述發生機率已經為人所知的預期報酬。精算生命表是大家熟悉的例子，精算師不知道張三在十四年內會發生什麼事情，卻相當清楚在一億人的群體中，每一年會發生什麼事情。反之，在投資中，「風險」和不確定有關，學術界人士探討貝他係數（相對波動性）和市場風險時，就是表示這種意思，可惜他們沒有用正確的名詞。

市場和個別投資人心中都帶有風險，有些人可以安然因應近期的市場風險，或者至少可以說，他們可以抑制採取行動的原始衝動，因為他們知道，長期來看，更多的市場波動通常會帶來比較高的平均報酬率。

積極型投資人思考風險時，通常有四種不同的方法。第一種是**價格風險**：如果你用太高的價格購買股票，你可能虧損，如果你認為一檔股票的價格可能很高，你知道自己正在冒價格風險。

第二種風險叫做**利率風險**。如果利率上升幅度超過原來的預期，而且已經反映在市場上，你的股票會下跌，你會發現自己承受了利率風險。

第三種風險是**企業風險**。公司可能胡搞瞎搞，獲利可能不會實現，如果是這樣，股價會下跌，這樣你就承受了企業風險。

第四種風險最為極端，叫做**倒閉風險**。公司可能完全倒閉，賓州中央鐵路公司、恩龍公司、世界通訊公司和拍立得公司就是這樣。專家老手會告訴你：「這才是風險！」這也是我們全都應該分散投資的原因。

真正的風險很簡單，就是在真正需要錢的時候，沒有足夠的現金，就像在沙漠裡燒光汽油一樣，專家老手明智的把重點，放在所有投資人——尤其是401（k）投資人——應該注重的嚴重風險，也就是把錢用光，尤其是在年紀已經太老、無法回頭工作時用光現金。

另一個看待風險的方式出自過去半個世紀以來的大量學術研究，越來越多投資經理人和客戶都使用這個定義，因為沒有一個理論這麼有力，以下是這個理論的觀念：投資人暴露在三種「投資風險」中，其中一種風險根本無法避免，因此，投資人承受這種風險會得到報酬。另外兩種風險可以避免、甚至可以消除，投

資人接受這種不必要和可以消除的風險，不會得到回報。

　　不能避免的風險是「**整個市場固有的風險**」，這種市場風險潛藏在所有投資中。選擇波動性大的股票或利用融資，會增加這種風險，選擇波動性低的股票，或是在投資組合中保留部分現金，可以降低這種風險。但是這種風險始終存在，不能避免或消除，因此必須管理。

　　兩種可以避免或消除的風險關係密切，一種和個股風險有關，另一種和類股風險有關。第一種可以叫做「**個股風險**」（individual-stock risk），第二種可以叫做「**類股風險**」（stock-group risk）。[1]

　　有些例子可以澄清類股風險的意義，成長股這種類股的股價會同時上漲或下跌，原因之一是投資人的信心變化，以及瞻望未來成長時，願意看得比較近還是比較遠（投資人很有信心時，評估成長股時，會看到很遠的未來）。公用事業股和銀行股之類的利率敏感類股，會受到預期的利率變化影響。同一種產業的股票，例如汽車、零售、電腦等類股會出現類似的價格行為，原因是受整體產業預期的變化影響。影響類股的共同原因很多，大部分股票同時屬於好幾種不同的類股。為了避免不必要的複雜化，避免注重枝節問題，投資人思考時，通常會把重點放在類股風險

---

1. 學者用略為不同的名詞，說明同樣的三種風險，他們把市場風險叫做「系統風險」，把個股風險叫做「特定風險」，把類股風險叫做「額外的市場風險」。這三種說法似乎比較清楚、比較自然。個股風險或類股風險是在評估投資報酬率的一段期間裡，個股或類股的價格行為和整個市場不同的風險──不論是有利還是不利的行為。

的主要形式上。

　　跟類股和個股風險有關的重點是：投資人不見得要接受這些風險，這些風險可以消除。投資特定市場或特定類股的風險，和整體市場風險不同，可以分散到讓人忽略不計的程度。

　　因此，**在一個有效率的市場上，光是承受比較高的個股或類股風險，不能、也不會賺到超過市場報酬率的投資報酬率**。只有在冒險所提高的報酬率確實值得時，投資人才應該冒這種風險。壓倒性的證據顯示，這種冒險雖然有誘惑力，報酬卻不足。沒錯！經常有人談到專業投資人「加碼投資」某種類股。但是實際上，有人這樣做不表示通常都會成功。

　　承受個股或類股風險，卻得不到報酬的觀念很重要，因為投資人承擔這種風險，只能期望靠著自己的高超技巧，選擇價格不適當的個股或類股，勝過和自己競爭的所有投資經理人的整體技巧，才能得到報酬。第3章已經解釋過，投資人冒這種風險時，只能在競爭對手犯錯時，才能獲利——這樣不是做出重大承諾時會讓人歡欣鼓舞的基礎。

　　幸好，我們可以利用簡單、方便的策略，投資指數型基金，也就是投資複製大盤的投資組合，規避這種風險。投資組合構造不偏離整體大盤，表示投資報酬率也不會偏離，而且不必冒類股或個股風險。指數型基金提供一種方便而便宜的股票投資方法，又可以分散特定市場部門和特定個股的風險。

　　請注意，消除了這兩種特定型態的風險，不表示所有的風險

都消除了。整體市場風險總是存在，而且就風險而言，這種風險是很大的風險。圖11‧1清楚顯示，單一個股的風險主要由特定個股風險和類股風險構成，但是這張圖也顯示，在典型的投資組合中，經過分散風險之後的這兩種風險，只是投資人整體風險中的

圖11‧1

分散投資降低非市場風險的程度

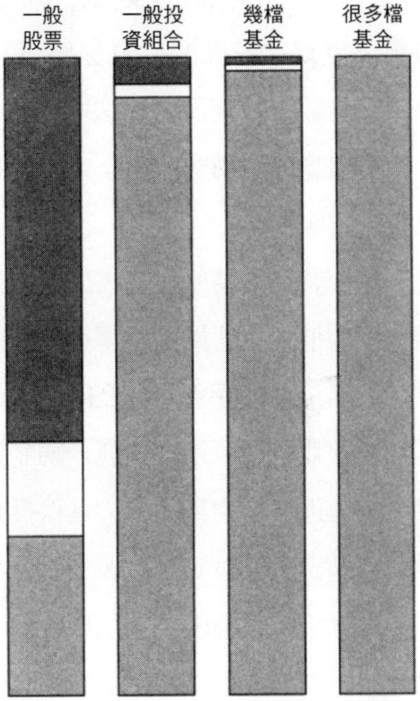

	一般股票	一般投資組合	幾檔基金	很多檔基金
個股風險	60%	4%	0.5%	0%
類股風險	15	2	0.5	0
整體市場風險	25	94	99	100

一小部分。

這張圖也顯示，如果一般投資人擁有好幾檔不同的共同基金，風險會更為分散，而且這種分散風險程度會使特定個股和類股風險進一步降低，降到只占整體風險一小部分的程度（指數型基金投資人增加持有國際指數型基金後，風險顯然會更為分散）。

厭惡風險的投資人在投資時，如果能夠降低自己所必須接受的市場風險，會樂於接受比較低的投資報酬率，也樂於看到其他投資人得到比較高的投資報酬率，這樣其他投資人才會受到吸引，接受幅度較高而且無法避免的市場風險。但是他們不會付出代價，給靠著「購買大盤」或推動指數化投資，就可以輕易避免風險的其他投資人。

對於非常長期的投資人來說，最適當的市場風險水準是略為高於平均值，這種風險水準很有道理，原因在於很多投資人受到限制，無法長線投資，他們的投資會提早賣掉，目的是為了籌募子女的教育費用，或是信託合約到期，或是因應需要制定計劃才能應付的近期到中期大事。其他投資人根本無法用鎮定、自制的態度，看待股票投資組合在很長一段期間內一定會經歷的逐日、逐月和逐年的股價變化，這些投資人希望降低風險和波動，樂於藉著放棄一些額外報酬率的方式，付出代價，得到他們想得到的東西。

簡單地說，股票投資人的總報酬包括四種成分：

1. 吸收預期通貨膨脹後的無風險報酬。

2. 彌補投資股市的風險和價格變動的額外報酬。

3. 投資一種以上類股或市場部門，可能因為各種經濟、商業或市場心理，導致類股表現跟大盤不同的潛在額外報酬。

4. 投資個股，可能因為相同原因，以致個股表現與大盤不同的潛在額外報酬。

和每一種報酬成分相對應的是風險成分。我們現在知道，在投資管理中，最重要的因素不是如何管理投資報酬率，而是**如何管理市場風險**。我們靠著市場風險，同時完成下列兩件事情：

1. 慎重決定建立什麼水準的市場風險，以便作為投資組合的基本政策。

2. 始終堅持自己選定的市場風險水準，熬過市場的好時光和差勁時光。

只有在投資人的長期目標改變後，市場風險水準才應該改變。

管理市場風險是投資管理的首要目標，這點是影響深遠的主張，也是這一章的核心理念。投資組合得到的投資報酬率來自三方面，依據重要性排列，最重要的一種是投資組合承受或避免的市場風險水準，其次是經歷多次市場循環，維持風險水準一貫性得到的報酬，最後一種是利用技巧，透過投資組合的分散投資，

消除或儘量降低個股或類股風險，或刻意承受風險，從而得到的良好報酬。

真正投資風險和表面風險或市場風險的差別在於時間的作用。是的，如果時間很短，股票可能有很高的風險。除非你是在股價「高得離譜」的時候開始投資，否則的話，只要時間夠長，股票的表面風險就會消失，有利的長期報酬會逐漸顯現出來，**如果你不能確定目前市場正處於低谷，你最好利用平均成本投資法（定期定額投資），逐漸把資金投下去。**

對投資人而言，投資風險可以依據時間，分成「短期風險」和「長期風險」。短期的真正風險是投資人在市場正好處在低檔時，需要賣出持股，以便籌措現金。這就是為什麼以長期而言，股票的風險顯然最低，而就短期而言，股票的風險顯然也最高的原因。

大部分投資人沒有準備好要面對的一種風險，是股市要花多少時間，才能回升到天價水準。有一件事情值得你記住，就是標準普爾 500 股價指數花了十六年的時間，才回升到 1966 年的天價水準，甚至花了更長的時間，才回升到 1929 年的天價水準。但是如果你不需要賣出股票，也不賣出股票，其實你不應該太擔心股價的名目波動。股價波動可能很有意思，但是波動跟你的關係，就像遠地的暴風雨天氣或大海中的低潮一樣，和你沒有多少關係。

因為真正的長期風險是通貨膨脹風險，以及投資人毫無必要創造出來的風險。對承擔短期市場風險的投資人來說，最好的因

應之道就是忽略短期波動，做一位長線投資人。

　　當我們鎮定的看待正常市場、長期平均值或正常的報酬率波動性時，風險忍受度[2]對我們來說便顯得毫無意義。唯有當我們受到市場走極端時的真正憂慮逼迫，尤其是在我們最近再度犯錯之後，風險忍受度可以預測我們會有什麼行為。**如果你知道自己的投資會持有一段很長的期間，等於你自動地投了自我保險，可以對抗短期行情波動的不確定性**，因為只要你維持投資，市場先生製造的價格波動根本與你無關。

　　知道投資報酬率是由風險帶來的，根本不是奮力追求較高投資報酬率帶來的副產品後，就會改變投資政策的觀念。我們現在知道，應該重視的不是投資報酬率，而是了解實際資訊之後的風險管理。

---

2. risk tolerance，係指投資人願意在投資中承受多大的風險。投資人可考慮風險忍受度，以做為如何將資產分散投資的依據。

Chapter 12
建立投資組合

長期投資成功最大的祕訣是避免嚴重虧損。

　　長久以來，投資管理的本質是藝術還是科學，一直是專業經理人非正式討論時偏愛的話題，原因可能是討論通常都用相當愉快的方式結束，顯示投資管理的運作顯然不是科學，因此一定是藝術。

　　凡是觀察過天才投資人運作的人，都會承認選擇個股或類股時具有藝術成分，包括細緻、直覺、複雜和相當難以解釋的性質等。這一行中的少數偉大藝術家是真正的英雄，他們靠著看出和掌握別人錯過或後來才看出來的機會，為他們的投資組合增加價值。

　　但是，對大多數投資經理人而言，投資組合管理既不是藝術也不是科學，而是罕見的難題，是在一套政策限制下，完全透過個人不精確的濾鏡解讀，在資訊不充分或錯誤，以致情勢相當不確定，或可能性頗高，又不斷變動的世界中，判定有什麼最可靠

而有效的方法，可以達成特定目標。

近年資料的流通和電腦的功能又有進一步的突破，現代投資組合理論也有長足發展，提供投資經理人以及在這方面不陌生的客戶，能夠了解和界定投資問題，以便加以管理，達成「現有最好的」解決之道（認為投資組合的管理問題可以「解決」，的確是過於天真的想法。但我們必須樂於接受這種問題的存在，通過部分控制和管理，設法創造令人滿意的績效標準）。

就像第 11 章所解釋的一樣，我們現在知道，投資組合的真正挑戰，並非如何藉著低買高賣，提高投資報酬率，而是如何慎重地接受適當的市場風險水準，得到較高的長期報酬率。

工程學中的重大教訓是：找到解決之道的關鍵是正確定義真正的問題。當你正確定義問題後，找到正確解決之道就相去不遠了。在投資天地裡，下面兩個問題中，哪一個是你真正的問題：如何為未來十年、二十年或三十年投資？如何為未來十、二十或三十星期投資？如果你真正的問題是如何採取比較長期的投資，你一定想問自己：目前的「解決之道」真的是長期投資之道嗎？

投資組合管理就是投資工程。良好的投資組合設計會消除本可以避免和無意中出現的風險，同時根據慎重選擇的市場風險水準，儘量擴大預期的投資報酬率。高效投資組合的預期報酬率，高於風險相同的任何其他可行投資組合，但風險低於預期報酬率相同的任何其他可行投資組合。

根據適合特定投資人的市場風險水準，建立有效的投資組合後，再承受個股或類股風險就沒有道理，除非這種風險跟特定機會直接相關，能夠得到充分的額外報酬。

　　投資在價格波動幅度稍高的股票中，增加的市場風險和報酬率並不可觀，但是長期而言，冒這種風險得到的利益可能很值得。我們可以建立一種投資組合，接受比全市場平均風險高20％的市場風險；遠高於這種風險水準的投資組合，又要求足夠的分散投資程度，會難以設計。股市目前所提供的股票檔數和種類，根本無法讓投資人達成分散程度良好、又提供上述較高水準市場風險的目標。

　　就正常期間和非常長期而言，市場風險高於平均值20％的投資組合，預期的「額外」投資報酬率，應該是每年1.2個百分點。[1]如果你認為增加1.2個百分點很少，請記住，迄今還沒有共同基金，曾經創造過這種額外增加的年度報酬率！

　　到目前為止，我們的討論專注在股票投資上，債券投資組合的管理在細節上跟股票不同，但是主要觀念大致相同。債券像股票一樣，也有應該分散的個別債券風險和整個類別債券的風險，例如，就一整類而言，一家特定產業公司發行的債券，會因為這個產業的經濟面重大變化，而改變價值。[2]具有強制贖回或換債特性的債券，會隨著市場的相對歡迎程度，出現一整類債券齊漲齊

---

1. 計算方法如下：20％ ×6％高於無風險投資報酬率的股票報酬率＝1.2％的額外報酬率。
2. 2008年抵押債券慘烈崩盤便是一痛苦例證。

跌的現象。公司債和政府公債之間的殖利率正常差距（以及因此而形成的價格差距）一出現變化，會造成整個公司債和政府公債之間的差價擴大或縮小。

債券評等機構發現，他們大部分評等錯誤的起因，是由評估群組風險固有潛在困難性造成的，不是由評估相同產業或類別特定發行人和其他發行人相比的個別風險造成的。可歎的是，2008年時，這種情形再度獲得證明，當時由次級房貸支持的新發行債券獲得AAA的最高評等。評等機構在一整類債券風險上，犯了嚴重的系統性錯誤，導致過於依賴穆迪公司和標準普爾公司評等的投資人損失慘重。2012年6月，穆迪公司降低多家歐洲銀行的評等後，歐股600股價指數（Stoxx 600）在不到一年內，穩定上漲了20％以上。信用評等機構過去就犯過很多評等錯誤，最早的是在1920年代，給予街道火車公司AAA的評等，後來幾乎所有這種公司，都在大家改開汽車之後破產。

債券投資組合管理在觀念上，一開始是用代表整個債券的消極投資組合作為起點。這種基本投資組合會分散投資到很多類別和個別的債券上，以便對抗個別債券或類別債券發行人的信用風險。而且這種投資組合會應用到期日平均分散的日程，以便對抗利率走勢的不利變化。

歷史證據顯示，債券像股票一樣，可以靠著分散投資，大幅消除個別債券的風險，結果由中低評等債券構成的投資組合，扣除倒債的實際損失後，長期而言，提供的淨報酬仍然高於由較高

評等債券構成的投資組合。因此，能夠直接拿到絕佳專用信用評等研究報告的投資組合經理人，可以把重點放在中低級評等債券的訂價錯誤上，提高經過風險調整後的報酬率。

投資散戶絕對不應該購買個別公司發行的公司債：在債券投資中，為了確保你能收回資金，分散投資是絕對必要的做法。幸好現在市場上已經有各種類型、管理良好的債券型基金——有些基金的成本很低。決定你的總體投資成果最有力的因素，是你要在債券上投資多少錢，或者是要不要投資債券，而不是你應該投資哪些特定債券。

就像幾百年前發明保險，帆船時代的航運業集中風險帳戶、共同承擔風險時的受託人一樣，共同基金經理人和所有金融服務專家的基本責任是防止意外，控制投資組合風險，慎重追求明智又清楚的長期投資目標。雖然大多數投資人認為，自己的投資屬於積極、主動和攻擊性的投資，實際上，**股票和債券投資基本上應該都是防禦性的過程。**

長期投資成功最大的祕訣是避免嚴重虧損。漫長的投資歷史中，最悲慘的地方是投資人過於勇猛，或是過度貪心，因而遭致嚴重虧損。總之，造成自我毀滅的情形太常見了，投資人應該記住，自己決定長期投資策略時，要記得最大化和最佳化之間有著重大差異。

神話中的「鳥人」伊卡魯斯³是追求最大化的人，歷史上很多

「企圖建立財富王國卻遭到摧毀的人」也一樣，他們就像名劇哈姆雷特（Hamlet）當中那倒楣的御前大臣一樣，最後都作法自斃。[4]

---

3. 伊卡魯斯（Icarus）希臘神話中的人物，他綁上父親做的蠟製翅膀逃離克里特島時，由於沉浸在飛翔的喜悅中，忘了該遠離太陽，翅膀的蠟被陽光熔化，墜海而亡。
4. 劇中叔叔克勞地（Claudius）謀害國王，並娶了國王的遺孀，王子哈姆雷特便計劃向叔叔報復。國王的御前大臣波隆尼爾（Polonius）暗中監視哈姆雷特，卻不幸被哈姆雷特誤會為是克勞地，而被哈姆雷特一劍刺死。

Chapter 13
寫下你的投資策略

當你身邊的人都受到感性驅策時，別相信你自己會完全理性，因為你也是人。

　　你應該清楚說明你的長期投資策略，而且要用書面寫下來，主要原因是要保護你的投資組合，不受來自你自己的傷害，同時要在市場先生造成當前市場最低迷、你的長期投資策略似乎突然陷入最深的疑慮時，幫助你堅持自己的長期投資策略。

　　科技改變了投資，就像全球定位系統科技改變了航行一樣。拜新科技之賜，投資經理人可以在眾多能夠達成的成果之間，在任何特定投資組合中，達成期望得到「與市場相關」的成就。投資人現在有完整的權利，期待得到符合自己合理期望、符合投資經理人承諾的結果。至少同樣重要的是，投資人現在可以自由自在，把精神放在發展清楚的長期投資策略上，達成持續符合自己對短期市場風險忍受度的特定目標。

　　要對抗市場先生的短期資料和低迷情勢，最好的武器是知識

與了解，尤其是對自己、自己的目標和優先事項的知識與了解。這就是你慎思明辨後決定的投資策略應該寫成文字的原因。當你身邊的人都受到感性驅策時，別相信你自己會完全理性，因為你也是人。

投資時所犯的小錯，幾乎全都是因為投資人在事前，對自己的短期情感和長期目標的內心領域，或是對資本市場與投資的外在領域，有著不當的了解，或是對兩者都有不當的了解。投資策略模模糊糊、不清不楚的情形太常見了，常常會在市場低迷到了罕見的程度時，形成沉重壓力，促使投資人十分輕易地在錯誤的時機，根據錯誤的理由，做出錯誤的決定，匆匆忙忙「決定改變」。投資策略檢討這麼匆忙，通常會導致投資人在股票價值已經暴跌之後才賣出股票，轉而買進其他固定收益的投資，錯過了股市後來的回升；反之亦然：就是在市場接近頭部的時候買進股票。顯然這種在錯誤時機改變資產組合──賣低買高──的做法，一直嚴重傷害投資人的長期報酬率。

理論上，我們或許可以看出，股價較低最符合我們的長期利益。但是我們當中，到底有誰能夠誠實地說，自己對於股市下跌會覺得歡欣鼓舞？有誰可以說自己對於股票和股市上漲，不會覺得興致盎然，即使我們知道，這表示我們現在要用比較高的價格購買股票，而且以這種價位額外加碼的投資，未來的投資報酬率一定會比較低，我們難道不是依然這樣做嗎？

相形之下，要是有一家商店，把最有吸引力的產品，用比市

價便宜一成、兩成甚至三成的折扣拍賣，我們當中有誰能夠收起皮夾，離開這家店？我們沒有一個人會說：「這些東西在打折時我不想買，我要等到價格回升時才買。」但是大部分人從事投資時，正好就是表現出這樣的投資行為。

行情下跌，股票跌到「大廉價」的價位時，我們停止買股票，事實上，紀錄顯示，我們甚至加入賣股的行列。行情上漲時，我們越來越熱衷買進。就像《錢雜誌》知名專欄作家史威格（Jason Zweig）說的一樣：「如果我們買股票時，像買襪子一樣東挑西選，我們會有錢多了。」**我們對股價上漲覺得滿意時，其實是錯了；對股價下跌覺得難過時，其實也錯了。行情下跌正是逢低買進的時機。**

心理學家研究焦慮和恐懼後，發現有四種特性，使人們對於某種風險的擔心程度，超過實際上應有的程度，這四種特性是規模龐大的後果、個人缺乏控制或影響力、不熟悉以及事情突然發生。結果，我們比較擔心空中旅行，比較不擔心汽車旅行，但是在正常的年度裡，美國一年因為空中旅行而死亡的人數不到三十人，受傷的人數遠低於三百五十人；因為車禍而死亡的人數每年達到四萬五千人，受傷的人數遠超過三十五萬人。

投資組合的價值突然出現龐大的損失，會讓大部分投資人深感焦慮，主要原因在於投資人事前沒有充分了解，不知道這種事情是市場偶爾會表現出來的一部分行為。長期研究和了解股票市場的人，會預期嚴重的虧損，甚至認為嚴重虧損是正常的事情。

對於相當了解股票市場歷史的人來說，行情跌勢幾乎是可以預測的事情，我們當然不是說這種跌勢發生的時機可以預測，而是指暴跌的規模和突然發生的性質可以預測。難怪沒有研究市場歷史的人會焦慮不安，而且可以預見的是，在市場表現最惡劣、最令人焦慮的期間，投資人會對長期的投資判斷，進行特別的「重新評估」，讓短期的恐懼壓倒長期投資策略應該秉持的冷靜理性。

投資人可能淹沒在經濟學家和股票分析師的書面報告中，淹沒在跟市場交易有關的電話和電子郵件中，受到當前情勢急迫性的影響，也淹沒在別人可能有的想法和做法中。投資人過度注意目前和短期內的事情，結果不但產生「集體思考」錯誤，也會使注意力失焦，不能注意到專家經過仔細研究，發現的短期和長期投資性質的重大差異。

投資人必須保護自己，不讓自己偏向不實際的希望和不必要的恐懼等人性的影響，這種希望和恐懼是由市場暴漲暴跌、令人情緒激動的經驗所引發，也是由促使市場暴漲暴跌的當前意見所引發。這種情形可以理解：對投資市場真正本質沒有充分了解的投資人的確會大感驚訝，2008年全球金融界碰到的嚴重風暴，幾乎使每一個人都大吃一驚，這種大吃一驚的反應進而幾乎促使每一個人都手足無措，這就是恐慌的力量。

你可以大幅改善你的長期投資組合的報酬率，方法是確定自己充分了解投資組合所處投資環境的實際狀況。要培養對市場基

本性質，尤其是對極端市場狀況基本性質的了解。成本最低的方法是周詳、客觀地研究過去。這是研究過去數十年的投資報酬率和背離平均數型態，會得到好處的原因，你應該徹底了解市場這樣波動的可能原因。

身為投資人，研究投資歷史比研究現在或未來的各種評估，還更有價值，這樣你就不會陷入美國小說家桑塔亞納（George Santayana）所說的：「不能從歷史汲取教訓，註定會重蹈覆轍。」你還是應該到附近的圖書館，閱讀1973年、1987年、1962年、1928-1929年、1957年、2000年和2008年報章雜誌的財經版。就像棒球名人尤吉‧貝拉（Yogi Berra）說的一樣，「這一切真的是似曾相識。」市場總是這樣，總是會讓人驚訝，雖然每一個市場的細節都不同，但是長期而言，市場的主要特性極為類似。

唯有了解投資和資本市場的本質，你才能跳脫目前這種矛盾，也就是跳脫花太少精神在真正重要工作上，沒有規劃和遵守明智而適當的投資策略與做法，以至於長期績效不能勝過大多數投資人的矛盾。

身為投資人，當你得到你想要的成果時，你就是贏家。但要得到這種成果，你必須遵守符合你個人目標的長期策略。

Chapter 14

追求勝利

贏得勝利的投資人不是彼此互相競爭，只是跟自己競爭而已。

　　贏家遊戲對所有投資人開放，因此每一位投資人都可能變成真正的贏家——這種遊戲幾乎可以說很容易，但也只是幾乎。成功的第一個祕訣是：每一位投資人必須不理會「打敗大盤」的宣傳，不理會跟市場先生密切合作的證券商、「績效優異」的共同基金和股市大師所發行的投資雜誌等大量廣告宣傳。

　　成功的第二個祕訣是：每一位投資人必須為自己決定，長期來看什麼投資策略最可能創造自己最希望達成的特定成果。贏得勝利的投資人不是彼此互相競爭，而是跟自己競爭，即使市場先生操弄震盪起伏來攪局，他們是否仍然能夠維持「始終如一」？

　　大多數投資人認為，投資是形式上複雜的綜合活動，但是把投資分解為每位投資人必須做的五種不同決策層次，似乎很容易，也很值得。

- 第一層：決定你的長期目標和資產配置比率——決定要達成你的目標所需要的股票、債券和其他資產的最適配置比率。

- 第二層：決定不同類別股票的配置比率——決定成長股與價值股、大型股與小型股、國內股票與國際股票的配置比率。如果你擁有龐大的投資組合，可以針對每種主要資產類別中的次類別，做出相同的決定。

- 第三層：決定積極或消極管理——選擇實施投資組合計劃的方法，對大多數投資人來說，消極的指數型基金會是最好的長期選擇。

- 第四層：選擇特定基金（可惜的是，大部分投資人幾乎把所有的時間和精力都放在這上面）——決定由哪些共同基金負責管理你整個投資組合的每個組成部分。

- 第五層：決定積極管理投資組合——選擇特定的股票，進行交易。

你在第一層針對長期目標和資產配置，做出大致正確的決定，因此第一層的決定是成本最低、最有價值的決定。最後兩層，也就是積極管理共同基金和積極管理投資組合（買賣特定股票）——是成本最昂貴，最不可能增加價值的決定（此外，更加努力也會造成高出很多的稅負和操作成本）。

在輸家遊戲中，最諷刺的是：第五層是市場先生最喜歡的地

方，操作成本極為高昂，得到的報酬極微小，但是這一層的興奮、行動和「獲勝的機會」，卻可能讓我們眼花繚亂，而且經常害我們目眩神迷。更糟糕的是，尋找打敗大盤方法的做法會使我們分心，不能專注在成本低落、報酬可能很大的第一層上。

投資策略是你的長期投資目標，和日常投資工作之間明確的連結。如果你沒有細心培養對投資策略的了解，策略就會由「臨時事件」隨興影響。投資組合管理顯然應該是基金經理人的責任，但是選擇正確的基金是你身為投資人的責任，也是你的機會。

因為任何資產配置幾乎都可以靠著低成本的指數型基金建立，所以考慮利用積極管理的投資人應該訂出目標，以便判定未來實際增加的報酬率 —— 不是聽信投資經理人口頭承諾而已 —— 能夠充分證明選擇積極型經理人所承擔的額外成本與風險，確實值得（請參閱第19章有關管理費的部分）。

如果你不想利用指數型基金，希望選擇建立投資組合時刻意和大盤不同的基金經理人，你必須花時間，清楚了解他要用什麼方法，使他的投資組合和大盤有所區隔（不論是大量下注在少數股票上，還是偏愛特定類股），你要了解他什麼時候會這樣做（不論是當成長期持續策略的一環，還是偶爾當成短期的戰術），最重要的是，要了解他為什麼這麼有信心，認為他靠著採取這些行動，就會創造有利的額外成果。**如果你考慮以散戶投資人的身分，自行做這些極為困難的決定，請你三思而後行。在磨練極為艱苦的投資學校裡，學費太高，好處太低。**

針對市場風險制定明確投資策略是知易行難的事情，我們評估投資績效時，可以找到很好的工具，卻找不到精確的儀器。我們已經知道，要給不同的投資組合找到適當的投資目標，最重要的單一因素是時間。關鍵是時間的長度，投資組合依附在時間上時，你才能堅持執行可以永續維持的投資策略，你以自己的目標和策略為標準，耐心評估投資成果時，也是以時間長度為標準。

　　如果投資組合投資在符合本身時間架構的股票上，那麼在一個充分分散的投資組合中，不需要另外考慮流動性問題。很多投資人明智地希望保留現金準備，作為經常開支之用──作為「未雨綢繆的準備金」，以便把自己的經常性支出，跟長期投資組合區隔開來，這樣他們就可以維持長期投資的承諾，為自己創造出長期優勢。投資人應該慎重決定這種專用準備金的金額，不能讓準備金影響長期投資組合。投資組合中的現金部位應該儘量降低，而且最好是降為零。

　　本書探討投資策略時，把收益需求因素排除在外，原因是投資報酬率不可能光是因為你希望有更多的錢可以花用，就能提高。有些人認為投資目標可以、甚至應該根據自己每年希望花用多少錢為標準，訂定投資目標，這樣的想法很怪異。有時候，這種想法會出現在退休基金中，而且退休基金還會列出精算過的投資報酬率，作為投資管理「方針」。有時候，大學校長的腦海裡會出現這種想法，他們會堅持要求從校產基金中，得到較高的收益，以便彌補學校日常運作中出現的赤字。有時候，個人會設法

逼迫自己的退休基金，提供收益，讓他們預約退休基金的支持能力，過著比較奢侈的生活方式。

不管是哪一種情形，這樣做都沒有道理。**花錢的決定不但不應該影響投資決定，反而應該正好相反**，花錢的決定大致上應該受投資成果規範——投資成果來自投資策略和市場報酬率——因為坦白說，市場根本不會理會你的花錢欲望。

你的需要、目標、市場經驗和投資策略可能經常必須進行有系統地檢討，每隔兩、三年檢討一次，可能最適當。

以下是投資策略檢討中的幾項簡單要點：

1. 投資策略是否經過務實的設計，符合你這位長期投資人真正的需要和目標？
2. 投資策略是否極為清楚、明確地寫下來，連能幹的生手都可以明確遵循你的真正意願，管理這個投資組合？
3. 如果像過去五十年（包括 2008 年）一樣，市場實際發生過多次最動盪的市況，你在這種令人最困擾的市場中，是否能夠堅持你的投資策略？
4. 你執行的投資策略是否能夠達成你的長期目標？

健全的投資策略會符合上述所有檢驗標準，而你的投資策略是這樣嗎？

Chapter 15
績效評比

浪潮改變時，把基金經理人推上浪頭的類股，現在可能壓抑這位經理人，共同基金經理人的成果總是經常回歸平均數。

　　如果你接受下述明確觀點，你就理解了投資績效統計最重要的特性，這些特性也是你最需要了解的。

　　如果有很多人參與投擲錢幣競賽，你可以非常有信心地預言以下兩種結果：

1. 長期來看，投擲錢幣出現正面或反面的機率都是50％。
2. 然而，短期來看，投擲錢幣的人擲出正面或反面的機率，似乎會略高於平均值，但是遠高於平均值的人非常少。

　　如果我們檢查紀錄，每個人拋擲錢幣的資料一定清楚而客觀，但是我們很清楚，不至於認為在投擲錢幣上，過去的結果可以當成預測未來結果的良好依據。每個人拋擲錢幣的情形早晚都

會變得越來越平均。統計學家把這種有力卻常見的現象，叫做「回歸平均數」。了解回歸平均數的決定性力量，是深入了解投資績效報告的關鍵。

這裡要警告大家的是：績效評比在最需要時最沒有用，在最不需要時卻可能最有效。量化專家巴爾·羅森柏格（Barr Rosenberg）經過細心的統計分析後估計，即使要確實證明多出（僅僅）2％的額外年度報酬率，是由優異的投資管理技巧造成，而不是運氣，都需要七十年的觀察。本章會說明其中的原因。

能即時為共同基金績效評估提供依據的績效數據，根據的樣本不是數量太少，就是期間太短，無法提供足夠的資料，進行精確、客觀的評估。根據比較長期所做的績效評比精確性比較高，時效性卻不夠，不能跟判定基金當下實際做的決策好不好扯上關係——除非這些成果資料一面倒的偏向好或不好。等到績效資料好到足以讓投資人能夠信心十足的採取行動時，採取行動的最佳時機早就已經過去了。

至少在短期內，投資績效評比的意義，跟「表面上的意義」不同。績效評比公司報告的不是「成果」，而是過渡性的統計。績效評比機構通常用兩位小數的方式，報告一段特定期間的投資報酬率，這樣的報告聽起來幾乎精確得無微不至：「在6月30日截止的十二個月內，A經理人創造的報酬率為27.53％。」這種說法表面上很精確，使績效數字有一種不該有的合理性，因為事實上，這些數字只是一長串系列投資報酬率的採樣，不是評比。請

注意，以長期而言，沒有一檔大型共同基金曾經連續創造比大盤指數高出2%的優勢。然而，大部分打廣告打得最厲害的基金，至少在一段精心選擇的期間裡，曾經創造過2%的優勢，讓基金公司可以拿這種績效來做廣告。買家要自己負起慎思明辨的責任了。

葛萊欣法則（Gresham's Law）劣幣驅逐良幣的情況很容易出現，投資經理人會跟投資人一樣，沉迷於短期績效，以至於忘了深思熟慮，考慮長期投資做法和目標。績效評比用這麼精確的方式，說明最近的短期報酬率，會影響我們的想法，讓我們相信短期具有意義，長期會類似短期。但是這種事情幾乎從來沒有出現過，這就是市場先生專長的短期思考，是長期投資成功死敵的原因。

廣告中引用的統計經常都是從最不尋常的連續性過程中，一期、一期採樣的不合理短期樣本──這種過程是在規模龐大、活力十足、總是不斷變化、總是震盪激烈的自由競爭資本市場中，管理不斷變化的複雜證券投資組合的程序。投資組合中的股票和債券經常改變，企業和企業經營的業務總是以很多不同的方式改變，影響股票價格最厲害的因素（包括恐懼、貪婪、通貨膨脹、政治、經濟消息、企業獲利、投資人的期望和很多其他因素）的變化從來沒有停止過。只要你的投資組合沒有全部變現，這麼多的劇烈變化力量會持續發揮影響，改變你投資組合的價值。在這種程序停止、投資組合清算之前，都不會有真正的「成果」。

大家在漫長時間系列資料（例如投資成果和拋擲錢幣）中所

看到的型態中，回歸平均數是核心事實。在過去曾經創造有利投資績效的經理人，卻經常——並非總是如此，但是頻率實在太高了——創造低於平均值的成果。為什麼？因為從表面上看來優異的績效中，有一大部分不是出於將來可以繼續創造優異成果的高明技巧，而是某個類股暫時享有高於平均值的報酬率，或是經理人運氣比較好。

浪潮改變時，把基金經理人推上浪頭的類股，現在可能壓抑這位經理人，因為共同基金經理人的成果總是經常回歸平均數，這是原因之一。另一個原因是：這一行中極為精通本行工作的投資專家極多，要持續擊敗群雄很難，因為群雄中充滿了消息靈通、全力競爭、紀律良好、非常善於操作的專家。

以屬於一家基金公司或一種管理型態的眾多經理人而言，長期績效資料經常會有「生存者偏差」[1]（Survivior Bias），或「新設公司偏差」（New Firm Bias）。兩種偏差加在一起，可能產生足以瞞天過海的扭曲。生存者偏差會出現，是因為新經理人加在資料庫中，他們過去的成果太好，令人無法不理會——因而把綜合紀錄推升得更高。成績不再能夠讓人「接受」的舊經理人，會從資料中剔除——再度把回溯修正的綜合紀錄推升得更高。新設公司偏差出於相關的原因：新共同基金經常會「誕生」（借用業界

---

1. 係指當取得資訊之管道，僅來自於倖存者時，此資訊可能存在與實際情況不同之偏差。此情況常見於投資理財節目和文章，如當理財節目邀請投資成功者上節目分享成功經驗，觀眾會將該成功者之方式，視為高成功率之方式，但觀眾不會得到以相同方式卻失敗的投資者之經驗。

的術語），新基金推出時，會向大眾介紹近期績效最高明的經理人，其他經理人就當成錯誤一樣默默地埋葬。

買家要再度自行負責。這兩種偏差可能輕易地把年度績效提高達1個百分點，而且這兩種偏差產生的扭曲，通常等於──而且經常超過──經過精心選擇的經理人表面上的優異程度。廣告會宣揚擁有「最佳紀錄」的基金，因此投資人最常聽到的是──到目前為止──最成功的基金。

此外，就像任何系列統計資料一樣，起點或基準年度很重要。很多最讓人驚歎、「蔚為奇觀」的投資績效圖，只要在所顯示期間的起點或結束的地方，加上或減去一、兩年，就會變得相當平凡。投資人總是應該拿到全部的紀錄──**不要只看經過別人精挑細選的摘要圖**。

對於利用績效評比的人來說，大問題是分辨三種經常混在一起、其實卻大不相同的因素。第一個因素是「採樣錯誤」，也就是統計不能精確等於事實的可能性。任何樣本都會有不精確或不確定的地方，在投資績效的資料中，採樣錯誤是指一個特定投資組合，在一個特定期間，採樣和經理人的績效相比，不公平和不具代表性的程度高低。

第二個因素是在評比期間，市場狀況可能出現有利或不利特定投資經理人的投資方式。例如，過去幾十年來，小型股基金經歷過非常有利的市場環境，也經歷過非常不利的市場環境。因此，在某些年度裡，小型股基金的表現勝過實際的績效，在其他

年度裡，表現卻不如實際上應有的成果。這就是為什麼評比投資成果時，至少應該評比包括市場上漲和下跌在內一整個循環的原因，

　　第三個因素是投資經理人的技巧——或缺乏技巧，這點是很多客戶和經理人最希望評比的部分。但是這裡有一個困難：在很短的期間內，採樣錯誤對於所申報成績的影響，通常遠比經理人技巧的影響大多了。前面說過，要知道表面上優異的成果是出於經理人的技巧，或者只是出於運氣好的緣故，必須評比幾十年的績效資料，等到你收集到夠多的資料，判定你的基金經理人是否真的技巧高超，或者只是運氣好而已，你們兩個人當中，很可能至少有一個人已經福壽全歸了。

　　圖15‧1所示，是回歸平均數在投資中的影響力。圖中五列資料中的每一列資料，顯示投資人在下一個年度，投資去年這五

圖15‧1				
以去年報酬率為準，評估經理人下一年的年度報酬率中位數				
	未來連續三年的基金四等份績效排名（持續性%）				
報酬率排名： 非連續性的三年	最佳四 分之一	次佳四 分之一	次差四 分之一	最差四 分之一	十年累積 平均報酬率
最佳四分之一	29.2%	16.2%	15.0%	20.6%	19.0%
次佳四分之一	16.6	24.8	22.3	15.3	21.0
次差四分之一	14.7	20.0	22.8	16.0	26.5
最差四分之一	15.1	14.9	15.3	22.6	32.0

種經理人中的每一位，所能創造的平均年度複合報酬率，最後一列顯示十年的累積平均報酬率。即使只略為看看年度報酬率這一列，尤其是只看看最後一列的十年報酬率，都會發現過去的績效的確無法預測未來的績效。

大部分散戶都知道，共同基金績效評等由晨星公司發布，但是晨星公司「一顆星」到「五顆星」的評等，只報告基金過去的績效。用一般人的話來說，用最廣受肯定的評等作為投資決策的基礎風險非常大。

晨星公司雖然坦白承認，自己的星級評等幾乎毫無預測力量，但是淨流入共同基金的新投資資金，百分之百都流入最近獲得五顆星和四顆星的基金（我們也看到很多廣告吹噓這種高評等）。對投資人來說，這種情形實在太糟糕了，因為細心的研究斷定，這種評等方式完全沒有效果：「沒有什麼統計證據，證明晨星公司最高評等的基金績效，勝過中等評等的基金。」的確如此，晨星公司每年發布評等報告之後幾個月內，五星級基金的獲利通常都不到大盤指數的一半！然而，晨星公司的評等卻在無意之間，誤導投資人買高賣低。唉！

仔細看看圖15‧1中的資料，你很快就會知道，你看不出什麼名堂，扣除管理費後，其中沒有型態存在。就像大偵探福爾摩斯故事裡那隻不叫的狗一樣，這種沒有型態的情況就是型態；就像美國作家葛楚德‧史坦（Gertrude Stein）有一次反對到加州奧克蘭訪問時說的一樣：「那裡沒有東西。」

圖15・2
基金在連續多頭與空頭市場中績效的比較

在多頭市場中的排名*	在空頭市場中的排名*
1	3,784
2	277
3	3,892
4	3,527
5	3,867
6	2,294
7	3,802
8	3,815
9	3,868
10	3,453
11	3,881
12	3,603
13	3,785
14	3,891
15	1,206
16	2,951
17	2,770
18	3,871
19	3,522
20	3,566

* 3896檔共同基金在2000年3月31日截止的12個月內績效，以及在2001年3月30日截止的12個月內績效。

　　圖15・2顯示，過去績效極度缺乏可以預測未來績效的能力，圖中列出在某次多頭市場中表現最佳的二十檔基金，以及這些基金隔年在空頭市場中的表現，兩者的對比令人十分震驚。

共同基金長期績效和大盤的比較

基金的比例	基金績效與大盤的比較
16%	2% 或更差
57	0 到 −2%
26	0 到 2%
2	2% 或更多

　　在非常長的期間內，預期大多數積極管理型共同基金創造的平均報酬率，應該會接近大盤指數，再扣掉每年大約1.5％的管理費、交易手續費和保管費用。因此，即使這些基金因為基金經理人的努力工作，在扣除營運成本後，績效略為領先大盤，但是大家還是可以預期，就像第2章中解釋的一樣，扣除管理費和雜項費用後，大部分基金經理人都會落後大盤，而且這是很多投資績效研究一直證明的事情，請參閱圖15‧3。

　　圖15‧3有一個重要事實很清楚：超過一半的共同基金所創造的績效，只等於大盤的績效或不如大盤；只有2％的基金在整個期間裡，績效領先大盤2％──而且這還是在扣稅之前；高達16％的基金落後大盤績效2％以上。這種事情雖然可以了解、甚至可以預測，對於希望相信積極型投資的投資人來說，卻不是能夠鼓舞人心的消息。

　　如果只有2％的共同基金績效大幅「勝過大盤」，而且你同意在一百個人當中，尋找兩位真正「正確」的經理人不是運用自己白花花銀子的好方法，你應該也會同意另外有一個很好的替代方

案，就是投資指數型基金。此外，就像前面說的一樣，指數型基金的所得稅微不足道，因為指數型基金的周轉率低多了，而且可以藉著管理方式，避免發生所得稅。

還有一件事情讓共同基金投資人更為不安，就是一般共同基金投資人得到的報酬率，遠低於他們投資的一般共同基金所宣稱的報酬率。從1997到2011年間，投資人少得到的報酬率高達4.5％——投資人大約只得到一般股票型共同基金所「賺到」的173％報酬率一半多一點。連債券型基金投資人得到的報酬率，都比他們所投資的債券型基金少：我們以前已經看過這種情形。1999年的一項研究斷定，從1984到1998年間，標準普爾500指數每年平均上漲17.9％，一般的股票型共同基金投資人卻只賺到7％而已，其中的原因是經常買進賣出。很多投資人買了共同基金後沒有堅持到底，反而設法預測市場循環，進行波段操作，持有基金的期間通常不到三年，就把基金賣掉，改買不同的基金。

共同基金「典型」的年度投資組合周轉率超過100％，把這樣做所造成的所得稅影響扣掉後，共同基金的績效甚至會進一步降低：通常會降低達3個百分點之多。

如圖15‧4所示，隨著評比期間越拉越長，超越大盤的機會越來越渺茫，而且這種情形越來越明顯。有一項長期研究發現，繼續生存的共同基金中，只有13.25％的基金，打敗標準普爾500指數，請注意「繼續生存」這個限制性的說法，因為共同基金公司會把自己的錯誤埋葬掉。

圖15．4		
長期勝過大盤的共同基金很少		
期間	勝過大盤的基金比率	
1年	35%	
10年	25	
25年	10	
50年	5	

其中的關鍵觀念是這樣的：和任何合乎實際的期望相比，只要有意外和無法解釋的背離，就是績效不佳（對一檔共同基金「合乎實際的期望」，可以用一個有意義的近似說法來解釋，就是投資目標相同的其他基金所創造的平均績效）。嚴重背離，又無法解釋，就是績效很差。所有利用品質管制統計技術的人都知道，無論是高於預期或低於預期的偏離，在品質上都不會造成什麼差別。不錯，投資人學到較高報酬率比較好的想法，長期而言，的確是這樣，但是短期而言，**不論是高於預期或低於預期的偏離，都表示經理人不忠實遵守自己的使命**，「不忠實遵守」通常表示失控，最後很可能帶來不愉快的結果（一艘船在目標的西邊十浬，和在目標的東邊十浬，一樣都是偏離航線）。對投資人來說，得到較高的投資報酬率當然勝過較低的報酬率。但是，兩種情形都是「偏離目標」，投資人不應該把運氣好（或運氣差）跟經理人的技巧水準混為一談。

機構投資經理人和客戶有一個重大問題，就是相同的一些投資經理人，用「相同的」投資策略，管理投資組合時，會產生相

當不一致的績效。按理說，他們的成果應該相同，但是其中卻經常可能有很大的差別。投資經理人的績效這麼不一致，在品質管制上是一個重要問題。

資訊是具有目的的資料，績效評比的目的是要判定目前的投資組合操作是否符合長期政策。因為只有在建立一個明確有效的標準時，績效評比才有用，績效評比的用處取決於投資人的投資策略是否清楚、明確。

投資專家對於典型的績效評比，覺得最困擾的問題之一是：成效良好的差勁決定，經常很受業餘投資人的歡迎，成效暫時不好的良好決定，卻可能導致投資人正好在錯誤的時刻，喪失信心。投資人在一檔共同基金碰到「合乎胃口的市場」時，選擇這檔共同基金的話，經常會認為這位基金經理人擁有特別的技巧和天才，其實在市場環境變化後，這些技巧和天分都不可能繼續維持。

績效評比最後的問題是容易造成錯誤，刺激不利的想法和行為，使你分心，變成注重短期操作成果，偏離長期政策。評比程序幾乎一定會影響接受評比的現象，就像物理學家華納・海森柏格（Werner Heisenberg）多年前闡釋他的不確定原則時的說法一樣。

投資經理人創造的量化績效評比資料令人失望時，卻仍然能夠做出很有道理的決定，精明的客戶會繼續信任這種投資經理人──尤其是在經理人本著良心和才能，遵循他和投資人同意的任務，即使這種任務正好暫時跟市場最受歡迎的類股脫節，投資

經理人仍然堅持不懈時，尤其如此。有很多例子證明，這種經理人後來的績效經常讓自己和客戶大有收穫。）

　　事實上，你選擇共同基金時，有一個良好的檢測標準，就是**如果基金績效不如大盤，原因是經理人的特定投資風格不受歡迎，你會高興的大幅加碼投資這檔基金嗎**？如果你的答案是肯定的，就表示你承認投資風潮再度有利這位經理人的風格時，這位經理人幾乎一定會超越大盤指數。這點是回歸平均數有利的一面，為什麼不利用這種機會呢？

Chapter16

預測市場——不難，但誰說得準

大略預測股市長期的正常走向不難，但是估計股市未來幾個月的
走勢幾乎不可能——而且沒有意義。

　　投資人自然希望知道未來幾年獲利最高的投資展望（了解今
後幾天或幾星期的展望很容易，就像老摩根的名言「市場會波動
起伏」一樣）。長期投資人根據經驗，知道經濟行為的常態分配具
有極強的規範力量，經濟與股市的主要力量會趨向「正常」的核
心趨勢。有一個好方法可以務實看待未來報酬率，就是假設未來
本益比和利潤趨勢會局限在歷史上下限之間，也會越來越貼近平
均數值。

　　經濟的細節部分極為複雜——股市反映每一種國內和全球產
業、反映成千上萬上市公司和整體經濟的所有因素——對投資
人而言，決定最主要現實的兩大因素是**企業盈餘**（與所分派的股
息），以及把盈餘資本化的**本益比**。本益比由兩種因素決定，一
種是利率，利率大致由獲利與預期通貨膨脹展望決定；第二種因

素是「股票溢價」，股票溢價反映投資股票的不確定性，加上或減去投資人目前心理多樂觀或多悲觀的「投機」因素。

從歷史來看總是會有幫助[1]。這兩大因素 —— 盈餘與本益比 —— 如何解釋從1982到1999年間美國最強勁的多頭市場？下文就是解釋：第一、1982年時，企業獲利只占國內生產毛額的3.5％，遠低於正常4到6％的範圍，到1990年代末期，企業獲利幾乎達到6％，升到正常範圍的高檔，這樣是重大變化。第二，同期內，長期美國政府公債利率從14％，暴降為5％（光是這一點變化，就會使長期公債市值增加八倍，用複利計算，就是每年成長13％）。這種變化和總市值的所有長期變化一樣，背後的主要力量是基本面和客觀因素。另外，還要納入投資人心理感覺如何的額外主觀因素：1974年時，投資人非常悲觀，1999年時投資人非常樂觀。同期內，道瓊三十種工業股價指數因為盈餘成長的關係，但是主要是因為隨著通貨膨脹預期大幅下降，利率大幅下跌，這個指數（所有的股息再投資）因此暴漲了將近二十倍，以複利計算，年度報酬率高達19％。

投資人在高興之餘，不理會回歸平均數的強大力量，幾乎總是根據過去的市場和經濟行為，預測未來，大致期望未來會跟過去相同。1970年代初期，投資人知道通貨膨脹會維持高檔，盈餘

---

1. 諾貝爾經濟學獎得主羅伯‧席勒（Robert Schiler）在《不理性的繁榮》一書中，長篇大論、引述事實，檢討美國股市在「新經濟」高峰期間的滿足感，是理性評估的絕佳典範。

會維持低檔，甚至可能進一步下降，大部分的報章雜誌刊出同樣嚇人的展望。2000年時，投資人顯然過度樂觀（但是這種情形幾乎可以預測到），預測未來會有更多同樣的複合成長——投資人迷上網路股，讚誦所有股市泡沫時期都有的真言「這次不一樣」時，更是如此。投資人極為熱情的其他例子包括1830年代的英國運河股、1850年代歐洲和美國的鐵路股、1920年代的汽車股和1980年代的日本不動產。

到2007年，投資人已經忘記網路股崩盤，再度安於高於平均水準的本益比。接著次級房貸慘劇惡化成超大的「完美風暴」，信用市場凍結，嚴重打擊各種市場，著名的銀行和證券商突然倒閉，害怕經濟嚴重衰退的心理蔓延。投資人再度學到評估近期市場時，要找到比老摩根的名言：「市場會波動起伏。」還明確的說法，的確很難。

預測未來很難——不止是因為未來就像棒球好手貝拉所說的一樣：「因為未來不會永遠持續下去。」在一項針對專家所做超過八萬次的變化預測研究中——預測自己所屬專業領域中過去變化率的變化——你可以輕易的打敗這些專家，你只要說：三分之一的變化是增加，三分之一的變化是減少，三分之一的變化是變化率沒有重大變化。

估計股市比較長期的展望有一個直截了當的方法，就是把投資報酬率分成**基本面報酬**和**投機性報酬**。「基本面報酬」是當前股息和預期盈餘平均年度成長率之和。「投機性報酬」是價值與盈餘

之比的本益比增加或減少的變化。歷史可以告訴我們很多內情。

首先，如果股息殖利率為1.5％，企業盈餘成長率為4.5％——這是企業長期成長率正常範圍的中間值——那麼加總起來就是6％，也是預期實質盈餘「基本面」報酬率第一部分，這部分還需要經過通貨膨脹調整。接著，什麼樣的估價變化才合理？為了開始計算，我們要指出，最近數十年來，平均本益比大約都維持15.5倍。

1901至1921年間，經過通貨膨脹調整的美國股市平均實質年度報酬率為0.2％，1929至1949年間為0.4％，1966至1986年間為1.9％。換句話說，20世紀超過60％的年度裡，世界表現第三好的美國股市實質年度報酬率不到2.0％，21世紀的第一個十年更差。1964年底和1981年底，道瓊指數都是875點——沒有經過通貨膨脹調整前，這十七年期間的淨變化為零——因為雖然企業獲利大幅上升，利率卻從4％飛升到15％，大舉壓縮市場的本益比，投資人也「學會」十分悲觀，股市從這麼低的水準要走到哪裡去？

1988年時，股息殖利率為3.5％，隨後的十一年裡，盈餘每年成長7.1％。對投資人來說，好消息是：每年基本面報酬率——股息加上盈餘成長率——為10.6％。但是這樣說並非全貌，投資人的收獲更多，基本面報酬率雖然是10.6％，投資總報酬率卻高達18.9％。其中的差額起源於額外8.3個百分點的投機報酬率，因為本益比起飛，增加一倍以上，從十二倍增加到千禧年來臨時的二十九倍。

這種情形可能永遠延續下去嗎？當然不可能，回歸平均數一定會再度降臨。就像十二倍的本益比太低一樣——長期投資人最後一定會得到回歸平均數的強力拉抬——二十九倍的本益比太高，最後一定會下降。

　　葛拉漢在經典傑作《證券分析》的引言中，曾經明智地警告說：「**長期投資人必須小心，不要從最近的經驗中學到太多東西。**」他談的是1929年的股市崩盤，以及其後的悲慘歲月。但是他談到的也很可能是網路股市泡沫，或2007至2008年間的金融海嘯，或是任何漫長系列的時間，在這種期間裡，股市的全部或一部分對最近的大事反應過度——有時候是積極的反應，有時候是消極的反應——同時，短期的希望或恐懼壓倒了長期的估價。

　　大致預測股市不難，但是精確預測的確不可能。同樣的，大略預測股市長期的正常走向不難，但是估計股市未來幾個月的走勢幾乎不可能——而且沒有意義。

Chapter 17
投資散戶的贏家思考

投資成功的關鍵是理性，大部分投資人卻身不由己，在投資中放入情感，而且在市場轉折的某些時刻，情感甚至掌控了投資。

　　散戶跟退休基金與校產基金之類的機構法人大不相同，散戶不只是錢比較少而已，還有一個差異是稅負。年度周轉率通常超過100％的積極型經理人，會造成基金投資人必須繳納稅負。因此請記住：基金公司申報的投資績效是稅前績效。散戶和機構法人的另一個差異具有決定性：每一位散戶都會死亡，死亡是所有散戶最主要的現實，這種重大現實的確切時間當然無法知道，但是可以知道的是個人投資人的壽命短暫。

　　賺取所得的人要建立自己的終生儲蓄，要為退休保障進行投資，都有一定的年數限制，不能再賺錢和儲蓄的人必須靠一定的財力，度過長短無法確切知道的歲月。

　　散戶的資金經常具有重大的象徵意義，可能強力牽動投資人的情感 —— 這種情形太常見、太有力了。投資成功的關鍵是理

性，大部分投資人卻身不由己，在投資中放入情感，而且在市場轉折的某些時刻，情感甚至掌控了投資。很多投資人覺得自己的錢代表自己和生命的價值（就像企業家經常把自己的公司，看成自己的價值觀或身家財產一樣）。這種情形叫做「我的錢就是我」症候群，在老年人身上特別常見、特別有害，經常造成暴躁甚至小氣的行為（如果你有家人表現出這種樣子，你要忍耐，因為這樣很可能只是表達害怕死亡的另一種方式）。

還有另一個重要的現實，就是散戶有相當大的力量，可以影響別人，散戶在財務上和情感上，可以用遺贈或不遺贈，或是用大於或小於預期的遺贈，或應用別人認為公平或不公平的遺贈，影響別人。金錢的情感力量和象徵性經常比金錢的經濟力量大，散戶要是能夠小心處理這兩點，就是聰明人。

我們都知道，散戶經常基於跟股市無關的原因，買進股票。散戶會購買股票，原因可能是繼承了財產、得到獎金、賣掉房子或基於任何其他令人愉快的原因，或是因為跟股市沒有直接關係的其他原因，因而有錢可以投資。同樣的，他們賣出股票的原因可能是有一個小孩要上大學，或是他們決定買房子——幾乎總是根據和股市無關的原因而賣股。坦白說，個人認為自己基於和市場有關的原因採取行動時，通常都犯了錯誤，散戶並非處在市場行為的中心，中心是專業人士和專業分析師做重要決定的地方。散戶不是因為行情一直上漲，表現出落後別人的樂觀，就是因為行情下跌，表現出遲來的悲觀。

此外，跟全力投入、組織良好的機構法人相比，散戶在股市中的很多選擇之間，通常沒有進行廣泛而嚴格的選股比較。大部分散戶甚至不是少數幾家公司的專家，散戶投資時，可能認為自己知道一些重要的事情，但是他們認為自己知道的事，幾乎總是不正確、不相關或不重要的新資訊。業餘人士的「獨家消息」早已為人熟知，透過全天候在市場中積極活動的專業人士反映在股價上。因此市場研究專家正確地把大部分散戶的活動，稱為「沒有資訊」的交易，或是稱之為「雜音」（這兩種說法並沒有不敬，只是描述性的說法，凡是覺得不滿的人，都太敏感）。

難怪早在1950和1960年代裡，專業投資人認為自己的操作可以勝過主宰股市、承作90％交易的散戶，因為專業投資人總是在市場內部運作，針對他們時時刻刻可以掌握最新資訊的幾千、幾百檔不同的股票，在消息靈通的情況下，做出嚴格的價格與價值比較。當時專業人士的確可以打敗業餘人士，不過這種情形已經是半個世紀以前的故事了。

現在情形已經大不相同。共同基金、退休基金和避險基金經過五十年的驚人成長，他們的投資組合周轉率提高後，原有散戶和法人90：10的比率已經徹底顛覆。今天紐約證券交易所的全部交易中，超過95％由投資專家承作。事實上，所有交易中的75％，是由一百家最大、最積極的機構專家承作，光是五十家最大、最積極投資機構專家所承作的交易，就占到紐約證券交易所整整一半的交易。

要打敗一百家最大的機構到底有多難？下面是一些事實：這些超大機構每一家一年付給華爾街超過10億美元，付給每一家主要券商高達1億美元，券商能夠賺到這些錢，靠的是為他們創造最好的市場，提供自己所能提供最好的研究服務。這些機構擁有彭博資訊和所有其他高明的資訊服務，他們的專家經常和企業經營階層會晤。他們公司裡全都擁有好多組分析師，也擁有平均投資經驗達到二十年的資深投資經理人──所有這些人隨時都利用自己的關係和網路，取得最好的資訊。因此你可以看出，機構投資人和散戶相比，擁有所有的優勢。

　　所有投資人都有一個可怕的敵人，而且太容易低估這個敵人，這個敵人就是**通貨膨脹**。這個敵人對散戶特別危險，對退休人士最為危害。長期而言，投資人真正的大問題是通貨膨脹，而不是投資人倍感煩惱的日常或週期性的股價波動。通貨膨脹的侵蝕力量的確驚人：以大部分人認為「正常」的3％通貨膨脹率來說，你所擁有資金的購買力在二十四年內，會減少一半（請參閱圖17‧1）。通貨膨脹率為5％時，你所擁有資金的購買力不到十五年就會減半──再過十五年，會再度減半，降到只剩四分之一。對美國社會來說，對平均壽命大約八十五歲的美國人來說，這點顯然是重大問題，尤其是你已經退休，無法增加資本，抵銷通貨膨脹對購買力的可怕侵蝕時，更是如此。

　　每個散戶都有自己十分看重的責任，包括提供適宜的住家，教育子女，提供退休保障，提供強而有力的自我保障，以便因應

圖 17・1
通貨膨脹率提高對購買力的影響

通貨膨脹率（%）	購買力減半的時間（年數）
2	24
3	18
4	14
5	12
6	11

重大災禍，或是因應比較長壽、需要的健保比預期多的風險，或是需要協助老年親戚支付健保費用，捐贈曾經嘉惠我們的學校和機構，或希望以捐贈嘉惠自己的社區等。最後，大部分人都希望遺贈一些東西給子孫，改善他們的生活，對大多數人來說，子女的日子過得比父母和祖父母輩好，是進步的真正意義，我們不敢把這些責任視為切身問題，但是某些需求——特別是晚年健保問題——所需要的資金多少，我們還不知道，而且可能變得幾乎沒有限制。

大多數散戶暗中都有資產和責任的長期「資產負債表」，但是大多數人沒有檢討自己的整體財務狀況，也沒有把財務狀況寫下來。而且大多數人沒有把直接、間接的財務看守人——就是「我們自己」——明白的列在資產負債表上的責任方，畢竟這樣做應該很有用、很有啟發性。

你在規劃投資人資產負債表的責任方時，會希望決定把誰列在你認定的「我們」當中、列入的目的是什麼？你計劃承擔的子

女教育責任有多少？念大學十分昂貴，同樣昂貴的研究所逐漸被大家視為一般標準。在提供子女教育費用後，幫助子女買第一棟房子，在你看來很重要嗎？協助子女創業很重要嗎？你的父母、兄弟姐妹或姻親怎麼辦？他們在什麼情況下，需要你的財務資助？需要資助多少、什麼時候需要資助？你一定要知道你全部的承諾加總起來一共是多少，什麼時候需要用到錢。

因為我們只能把儲蓄拿來投資，儲蓄自然比投資優先。儲蓄有一個特殊的性質，就是你可以決定你希望怎麼做，也可以把儲蓄付諸實施！在秋季買草帽、元月買聖誕卡，開二手汽車，而且刻意利用很多日常的「節省方式」，長期會創造輝煌的成果，尤其是配合理智的長期投資法時，更是如此。儲蓄的有力方法之一是把你的支出，限制在不能超過去年的所得範圍內，而且總是要對你的免稅退休基金，提撥最高金額。

儲蓄的第一個目的是累積「防衛性準備金」，以便在麻煩出現時，可以像滅火器一樣，提供協助，而且這種準備金也像滅火器一樣，在需要時，應該充分的大大利用。如果你小心地利用，或只利用一部分的防衛性準備金，你就需要擁有較高比例的準備金，但是這樣做代價高昂，擁有比實際需要還多的準備金，機會成本相當高。準備金是準備好隨時要動用的，不是在需要時保留不用的東西。提撥了對抗偶發嚴重事故所需要的保障後，多餘的儲蓄就可以拿來長期投資。

本書的核心觀念之一，是能夠用來長期投資的資金如果投資

在股票上，而且長期以股票的形式持有，會為投資人帶來最大的好處。

對於年輕、有工作的投資人來說，這個原則特別重要，原因有兩個。第一，即使以7％的報酬率計算，你儲蓄和投資的每1美元，在十年內，會變成2美元，二十年內會變成4美元，三十年內會變成8美元，而且會根據七二法則[1]，一直滾下去。第二，如果投資人從整體觀點評估自己的財務狀況，就會發現自己最大的資產是年復一年賺取所得的能力，而且所得很可能會不斷增加。這種賺錢能力可以視為像債券一樣，在個人二十歲、三十歲甚至四十歲時，在累積儲蓄和把儲蓄投資下去前，會占總額的一大部分。

但是，預期活不到十年、十年通常大約就是「長期」的老年投資人應該怎麼辦？他們是否應該像凡俗之見所說的那樣，投資在以債券為主的投資工具上，以便保本？這一點就像常見的情形一樣，凡俗之見可能錯了。

退休的投資人可能為了求得心安，希望投資在相當穩定、收益相對高的證券上，他們可能會讓情感力量，主導了自己的經濟利益。老年投資人可能預期不會再活很多年，但是他們的投資由受益人繼承後，卻可能有非常長期的使命。因此，在資產所有人

1.七二法則說明要花多少時間，才能夠把最初的投資變成兩倍。例如，如果成長率為10％，最初的投資金額會在七·二年內增加一倍，如果成長率為3％，最初的投資金額要花二十四年才能加倍，成長率為15％時，只要花四·八年。

的真正目標——包括協助子孫或母校——具有相當長的時間架構時，可能不需要把投資的時間架構，限制在自己的有生之年。此外，長期快樂生活的祕訣之一是「繼續登高」，並且像英國大政治家迪斯雷利的佳言一樣，保持「與未來同行」的狀態。投資股票會讓我們保持年輕。

要成為真正成功的終生投資人，首要的挑戰是「認識自己」——了解你個人的財務目標，了解什麼東西對你才是真正的成功。請記住「亞當斯密」（經濟學家古德曼的筆名）的明智忠告：

「如果你不認識自己，可以在股市裡找到答案，但代價高昂。」

在不動產、商品和選擇權市場上也一樣。

聰明的投資人會花時間盡可能地認識自己，了解自己身為投資人的感覺和行為。我們必須了解真正的自我，才能利用自己最理性的思考，控制自己的情感。下面是一個簡單卻帶有友善意味的測驗。

如果可以選擇，你的選擇會是什麼？

選擇1：股價大漲，而且維持高檔多年。

選擇2：股價大跌，而且維持抵擋多年。

看下一頁前，請你做好選擇。

不看未來，你會選擇哪一個？如果你選擇第一個答案，你和

接受這個測驗的90%專業投資人相同，大多數專家和你一樣，會讓你覺得欣慰嗎？你不應該高興，除非你是站在股票的賣方，如果你選擇第一個答案，就是違背自己的利益。

原因如下：第一，請記住，你買進股票時，實際上買的是收取股票所派發股息的權利[2]。就像我們買乳牛為了得到牛奶、買母雞為了得到雞蛋一樣，我們買股票是為了得到目前和未來的盈餘與股息。如果你經營牧場，難道你買母牛時，不希望母牛價格低落，以便從母牛的投資中得到更多的牛奶嗎？

你買股票時，股價越低，你每投資100美元，買到的股票股數越多，將來從投資中收到的股息金額越大。因此，如果你是儲蓄者兼股票買主——大部分投資人目前都身兼兩種身分，預期未來多年仍將如此——有趣的是，對你真正有利的長期利益是股價大幅下跌，並且維持在低擋，以便你能夠以較低的價格，累積更多的股數，使你投資的儲蓄將來得到較多的股息。

因此，正確的選擇是違反直覺的第二個答案。我們希望這種關鍵看法能夠讓你以投資人的身分，享受更大的成就，而且在你投資生涯中無可避免的空頭市場中，能夠更為安心。你甚至可能在空頭市場中，學會看出某種利益，如果你是真正理性的人，你

---

2. 當然，你也得到選舉董監事之類的權利，得到將來如果有人要併購這家公司時，可以用比較高的價格賣出股票的權利。但是在現實狀況中，很少股東會投票反對經營階層的建議，而且發生意外併購的公司很少，因此，和股息相比，這種股東權利通常不很重要。不錯，你也得到可能以比較高的價格，把股票賣給另一位投資人的權利。但是下一位投資人樂於付出的價格由什麼因素決定呢？由預期未來盈餘與股息的現值決定。

一定會學到。

　　大多數投資人因為過度受人性左右，他們更喜歡上漲的股市，而且在股價已經高漲時，熱衷於買進更多的股票，以致將來從股息得到的投資報酬率，十分低落且市場虧損風險偏高（不論你買進的股價是高是低，每股得到的股利都一樣）。同樣的，大多數投資人在股價下跌之後，對股票的觀感相當不好，最容易在真正錯誤的時刻──在價格已經很低、股票未來股息報酬率會變得很高的時候──受到最大的誘惑，出清持股（請參閱圖17・2）。這張圖顯示，當股息不再投資的情況下，股價上漲會使

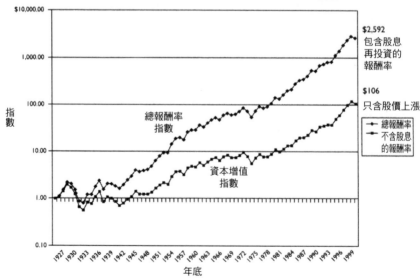

圖17・2

股息再投資很重要，即使在股價幾乎沒有上漲的1930-1955年間的25年，以及1965-1985年間的20年，也是這樣

投資人的1美元，成長為105.96美元，但是如果股息再投資，1美元會成長到2591.79美元。

如果你能把我們這個理性的答案納入你的投資思維和行為中，你就會了解，你的情感經常違背理性經濟利益。你會教育自己，對抗群眾和自己的感覺，努力避免受到誘惑，別在股價高昂時跟著大家一窩蜂地買進，或是股價低落時，跟著大家殺出。

不要把事實與感覺混為一談，要努力維持理性，不要過度重視股價每天、甚至每一小時的起伏。從理性的觀點來看，我們知道大部分的股價變化都是雜音，幾乎都是隨機的波動。不管市場先生的活動多麼迷人、多麼有誘惑力，投資人還是應該不理會股價的起伏波動。

我進入華爾街的第一年裡，跟一群新出爐的管理碩士，一起接受訓練課程。我們都期望上最後一堂課，就是跟多年來靠著精明投資、累積龐大財富的投資教父見面[3]，探問他的成功祕訣，問他對像我們這樣的年輕人有什麼建議，他想了好長一陣子，沒有說話，然後用直截了當的銘言：「不要虧損！」總結他累積得到的經驗。

將近五十年前我第一次聽到他的建議時，他的說法似乎很簡單，但是隨著時光流逝，我開始相信這種建議從過去到現在一直都很健全。你投資時，當然不可能不吸收其間很多小小的損失，

---

3. 這位投資教父，是美國老字號投資公司伍德海姆公司（Wertheim & Co.）創辦人約瑟夫·柯林根斯坦（Joseph K. Klingenstein）。

因為市場的確會起伏波動，但是不要冒不幸的重大風險，不要一心只追求全壘打，不要害自己陷入無可挽回的嚴重虧損中，不要借錢來投資。前面已經提過，沒有大膽的老飛行員。

如果你發現自己陷在股價上漲的激情中，或是陷在股價下跌的愁苦裡，你得努力打破這種困境。你可以去散散步，讓自己冷靜下來，否則的話，你很快就會成為群眾的一分子，希望採取一些行動——你會開始犯錯，可能犯下讓你將來後悔的嚴重錯誤。對大多數投資人來說，善意的忽略是創造長期投資獲利的祕訣。

你可以提高自己創造優異投資績效的機會——這點表示可靠的達成你自己明確而實際的投資目標——方法是每年花一點時間，正式評估你的投資目標、財力、財務責任，並且拿先前務實的期望，檢討近期的投資成果。這種時候——最好的間隔期間是一年一次——正是你根據自己建立的資產組合，重新調整持股的時候。要保留你的檢討紀錄；重新評閱過去的檢討時，你會學到很多跟自己和自己的能力有關的東西。

你的注意力通常會集中在投資上，但是下列事項也應該檢討：儲蓄、保險、銀行信用額度、經常負債、可能必須提供協助或支持的義務、每年的所得、支出與遺產稅計劃。這種有紀律的做法是為了「打開燈」，客觀檢視你的整體狀況。

如果你儲蓄有方，而且有足夠的投資，擁有充足的資金，可以滿足所有你選擇的責任或義務，那麼你就是真的贏得了金錢遊戲，值得大聲喝彩！這樣的確是令人興奮的成就。

贏家應該注意，絕對不要把自己的勝利再推回風險中，尤其是利用沒有必要的借貸，或是對單一投資投入太多資金，或過度承擔責任。贏家應該避免投機、避免追求更大的勝利，冒著變成大輸家、變成真正傻瓜的風險，的確不值得。

　　贏家同樣應該注意不要變得太小心，即使略為變動，變成名目上「保守」的投資，都可能使整個投資暴露在遭到通貨膨脹侵蝕的風險中。創造巨額家族財富的納森‧羅斯柴爾德（Nathan Mayer Rothschild）解釋過：「要有絕大的勇氣和謹慎，才能創造巨額財富。擁有這些財富後，需要十倍的才智，才能守住財富。」

　　投資散戶思考投資決策時，下面的「十誡」可能是有用的方針：

1. **要儲蓄**。拿你的儲蓄投資在你未來的幸福和保障上、投資在子女教育上、投資在可以自在選擇的財務自由上。
2. **不要投機**。如果你必須「玩股票」，滿足某些情感上的衝動，你必須承認，這樣是賭你的能力足以擊敗專家。因此，你必須把玩股票的金額，限制在你跟拉斯維加斯的專家賭博時願意下的賭注一樣多（請做精確的成果紀錄，你很快就會說服自己放棄投機！）
3. **切勿以稅務原因作為投資主因**。避稅投資工具通常都是差勁的投資。以稅務虧損為由賣出，主要是營業員增加手續

費收入的方法。（只有兩個例外：一定要訂出精明的遺產稅計劃，配合你的財務狀況和不斷改變的稅法。如果你反正都要賣股票，賣出已經增值的低成本股票做慈善捐贈就有道理。如果可能，要設立個人退休帳戶，每年對你的避稅401〔k〕退休金帳戶計劃或分紅計劃，提撥最高的金額。如果你在401〔k〕退休金帳戶計劃之外又有投資，做投資決定時，要以整體情勢為基礎：要儘量降低你的避稅退休基金中債券或債券型基金的所得稅）。

4. **不要把住宅當成投資**，要把家當成和家人一起過日子的好地方，如此而已。2008年美國歷史上罕見的房價漲勢突然中斷，並且強力反轉時，太多的家庭學到這個教訓。住宅目前不是良好的金融投資，而且從來都不是。但是住宅的確可能變成讓你家庭幸福的良好投資。

5. **絕對不要玩期貨**[4]。期貨交易其實只是價格投機，不是投資，因為其中沒有經濟生產力或附加價值。

6. **別錯看股票營業員和共同基金業務員**，他們通常是很好的人，但是他們的工作不是替你賺錢，而是從你身上賺錢。有些業務員非常有良心，會全心全意，多年不變，盡責、體貼地服務客戶，但是你不能假設你的營業員會這樣對待

4.約翰‧崔恩（John Train）在《股市大亨》一書中指出一位期貨營業員，他在十年內，針對將近一千位顧客，提供有關期貨交易的建議，有多少人賺錢？連一個都沒有。營業員卻賺了錢，因為他有手續費收入。

你。有些營業員或許會這樣做，但是大多數營業員根本無法這樣做。一般的營業員通常要和二百位客戶「談話」，這些客戶投資的總資產為500萬美元。營業員一年要賺10萬美元的話，必須創造30萬美元的手續費總額，也就是占他談話對象總資產的6%，要創造這麼高的手續費——對投資人而言是沉重的費用負擔——營業員根本沒有時間知道什麼是「正確的事情」，營業員必須讓錢不斷滾動，而那些錢一定都是你的錢。

7. **不要投資新的或「有意思的」投資工具**，設計這種投資工具，目的絕大部分是要「賣給」投資人，而不是要讓投資人「擁有」（新手釣客在魚餌店裡，表示對魚兒實際上會不會咬店裡所販賣的華麗魚餌時，老闆簡潔地回答說：「我們賣這些魚餌不是為了誘惑魚兒。」）

8. **不要因為你聽說債券是保守的投資，或是收益和本錢有保障的投資，就投資債券**。債券價格的震盪幾乎和股票相當，而且在對抗長期投資的重大風險——通貨膨脹方面，表現很差勁。

9. **寫下你的長期目標、長期投資計劃和遺產稅計劃**——而且要努力遵循。雖然建議要每年檢討，但是每隔十年至少要檢討這些計劃一次。

10. **別信任你的感覺**。你覺得樂不可支時，你很可能就要倒楣了；你覺得心情惡劣時，請記住，這時正是黎明前最黑暗

的時刻，因此你不該採取行動。在投資方面，活躍幾乎總是多餘的，少就是美。

最後，這裡要對參與401（k）退休金帳戶計劃——或任何其他「固定提撥」計劃——因而擁有投資決定權的參與者，特別說幾句話。**集中投資指數型基金，不要投資在你自己的公司**上——因為你在一家公司裡工作，已經代表把你的全部經濟組合，高度集中在這家公司裡。你的退休基金首先就應該追求安全，安全的意義是防禦性。如果你有一點懷疑，請你看看有關拍立得和恩龍的所有報導——美國很多大企業後來喪失所有的總市值，抹煞很多員工的退休儲蓄，最後被迫裁掉大量忠心耿耿的員工，結果這些員工的退休儲蓄不見了、工作沒有了、美夢也破碎了，拍立得和恩龍就是其中兩家。

如果你仍然有點相信自己或任何人，可以靠著選擇積極型投資經理人獲利，但請看看紀錄，紀錄並不讓人滿意。例如，如果你真正相信你可以選中將來會打敗大盤指數、打敗指數型基金的積極型投資經理人，請考慮下列事實：

- 過去十年期間，三分之二的積極型經理人操作成果都不如大盤指數，也不如指數型基金，在更長的期間裡，表現不如大盤指數的積極型經理人更多。
- 表現差勁的經理人差勁的程度，幾乎是表現優異經理人優

異程度的兩倍。

■ 整體而言，專門負責選擇最佳經理人的退休基金業務經理人和投資顧問，在選擇能夠打敗大盤的經理人方面，一直不很成功。如果這些勤奮又謹慎的專業「買主」都不能成功，我們憑什麼相信自己可以成功？

你已經知道，過去的績效紀錄不能預測未來的成果。事實上，如果你根據所有經理人過去的績效，把他們分為十等分，這種資料完全沒有預測力量——只有一個例外：表現最差的輸家通常的確會繼續虧損。

如果你真的決定選擇積極型投資經理人，你要對自己承諾：你會信任你選擇的經理人很多年——至少十年——因為資料顯示，改換經理人不但代價高昂，通常也不會產生成效。雖然我們全都知道，我們可以在理論上，靠著在一檔基金績效開始變差前，出脫這檔基金，在另一檔基金績效開始嶄露頭角時，改換這一檔基金，創造非常優異的績效，但是這種事情根本不會發生。實際上，現實狀況比較接近相反的情況。一般而言，散戶會在基金連續創造最優異的紀錄後，大量投入資金，在基金創造最差勁的績效期間後，出脫基金。

這就是共同基金投資人的績效遠低於他們所投資基金的原因。

Chapter 18

選擇「令你安心」的基金

永遠不要冒自己無法承受的風險。

　　如果你還不能或不願意接受指數化的觀念，你有兩個選擇：可以自行做投資決定，也可以投資積極管理型共同基金。如果你看了本書後，仍然決定自行挑選股票，你要幫自己一個忙，小心紀錄你的決定，紀錄你做每一個決定時，期望得到什麼結果，紀錄這些決定的實施狀況。

　　股票營業員可能說，你不必花錢，就可以得到他們的投資建議、得到他們公司的研究報告，或你所得到的所有服務。但是你只要花一點時間，研究整個狀況，你很快就會發現，你將來要付出的券商手續費經過一年的累積，加總起來的金額占你所擁有資產的比率，可能比共同基金管理費要高很多。

　　投資不是嗜好，每一項重要的研究都發現，自力更生的散戶平均成果都不好。此外，他們的成果高於或低於平均值的距離相當大，因此有太多投資人困在非常不好的成果中。這就是營業員

通常每年要喪失超過20％客戶的原因，這些客戶虧掉了貨真價實的鈔票，卻永遠也不可能賺回來。

你可能仍然希望選擇自己的共同基金，因此這裡要提出一個建議：你可以快速地開始尋找，方法是從《錢雜誌》、《富比世雜誌》、《彭博商業週刊》中，整理出一張善於經營401（k）退休金帳戶計劃或其他確定提撥計劃的公司，然後問見識豐富的朋友，這些基金中，有哪些基金持續一貫地吸引最優秀的人才，從長期間來看，最可能創造優異成績。這張表很快地就會出現幾家傑出的企業，包括美國基金家族（American Funds，由資本集團公司〔Capital Group Companies〕經營）、普信公司和先鋒公司[1]。

選擇積極管理型共同基金時，要刻意採用非正統的方法。不要選擇一檔基金，而是從「大致正確」的決定開始，不要試圖尋找最好的共同基金，而是要尋找提供一整個共同基金「家族」的優異投資公司。你在過去幾年的績效數字中，找不到長期成功的關鍵，要在組織的專業文化中才找得到。股票和投資概念層出不窮；基金經理人來來去去；但是個人的性格和組織的文化──不管是好是壞──卻不容易改變。因此要尋找能夠吸引和留住優秀人才三十或四十年的企業，尋找維持「我們公司如何達成使命」之類聲明中的一貫性，注意和懷疑試圖把你的重點移轉到最近的成果、背離你長期真正利益的公司，最後，公司性格或企業文化

---

1. 我曾經寫過一本稱讚資本集團公司的書，多年來還擔任先鋒集團的董事，也擔任普信集團的策略顧問多年。

一定會主導一切。

這表示：你要尋找的公司是信譽卓越、擁有長期優良紀錄，備受見識豐富投資人尊敬與稱讚、能夠讓你安心的公司。你要到處打聽：這家公司是否能夠持續吸引和留住第一流人才和經理人？這家公司的自我定位，是專業機構，還是營利本位機構？

對大多數投資共同基金的散戶來說，「能夠安心」的觀念是長期投資成功的關鍵。改換基金是投資人的大敵，原因有兩個，第一，如果難得改換共同基金，改換的成本看起來可能很少——改換基金「只耗掉資產的幾個百分點而已」，但是太多投資人每隔幾年就改換基金，這種成本會不斷地累積。第二，改換基金讓大部分投資人支付更大的隱藏成本，因為他們都在基金出現最嚴重虧損的時候賣出，在基金創造最優異的獲利後買進。你要注意整個基金業的資金流動，大部分投資人都是在基金已經表現不佳之後賣出，在基金已經表現優異績效後買進，而且績效增減最劇烈的基金，資金流入和流出的金額最大——因此投資人自找的這種痛苦更是嚴重。

有些共同基金機構善於銷售或「累積資產」，卻不注重成功投資的專業紀律。這種基金對投資人很危險，最後對自己也會很危險——就像知道如何勝選，卻不知道如何治理的政客一樣，或是像不斷奔跑、追逐汽車，等到實際上追上汽車時，卻不知道該怎麼辦的狗一樣。

可想而知，以銷售為導向的共同基金回顧來時路時，對於自

己的企業業務的成果發展，一定深感自傲。但是贏得美國一億個客戶和超過一半家計單位信任的共同基金公司中，只有少之又少的基金公司，承認他們在這種過程中，不但贏得事業經營成功之戰，也把自己從企業機構變成受託機構。很多年前，共同基金家族都是小型的未上市公司，現在已經變成公開上市公司，不論他們是否承認這一點──因為他們接受了公眾的信任。現在的標準已經大不相同。業界領導公司最好要習慣這一點，調整重點，把當務之急從銷售基金，移轉到專注做好管理工作，否則他們會喪失千百萬散戶的信任──不自覺地變成輸家。

你應該利用多少種不同的共同基金？投資人尋找共同基金時，通常可以在大型基金家族中，找到很多不同型態或類別的投資標的，包括不同類別的指數型基金、成長型基金、價值型基金、大型股基金、小型股基金、貨幣市場基金、不動產投資信託基金、國際型基金、全球型基金和很多其他類別的基金。所有管理良好基金家族提供的基金在結構上，都採用相同的專業精神標準、合理的管理費和投資人服務，這就是為什麼慎重選擇，把你的共同基金投資，集中在長期投資績效、企業價值觀以及實際做法都受到你尊敬的一個共同基金家族的原因。

首先要了解自己的投資目標和真正的耐力。判定你忍受痛苦的能力和投資持久力後，你就會有一個依據，可以訂出自己能夠承受的市場風險水準。不要過度投資，要了解自己的內心狀況，不要超過自己的限制，就像家父的明智建議一樣：「永遠不要冒

自己無法承受的風險。」[2]

　　研究你自己多年來的決策紀錄，看看你這個投資人的表現有多好，檢討你在不同時間架構下忍受市場逆境的能力。知道你處理每一季價格波動的能力是一回事，因為這種波動的幅度通常相當小，而且很快就會反轉。

　　吸收和接受整個空頭市場是另一回事，尤其是吸收和接受時間比較長、跌幅超過正常狀況的空頭市場。例如，你要問自己：2008年股價暴跌超過45％時，你有什麼感覺？看到市場天天激烈震盪，大部分的日子都走低，同時美國聯邦準備理事會和財政部以及世界各國中央銀行忙著拯救金融體系，著名的大公司不是倒閉（例如雷曼兄弟公司、貝爾斯登公司、美聯銀行〔Wachovia〕和華盛頓互惠銀行〔Washington Mutual〕），就是搖搖欲墜（美國國際集團、美林公司、花旗集團和摩根士丹利公司）時，你有什

---

2. 1970年代中期，我增加投資約翰·聶夫（John Neff）管理的雙子星基金（Gemini Fund）——金額不超過我能夠虧損的金額，但是加碼投資很多。我熟識聶夫，知道他會很慎重控制與限制風險的程度。因此，雖然一般投資人不會慎重區分真正的風險和認知中的風險，聶夫顯然會這樣做。股市情勢對聶夫喜歡持有的「價值股」一直相當不利，雙子星資本基金是封閉型的雙重基金——其中一種基金股票獲得所有的股息所得，第二種股票獲得所有的資本利得——多年來，這兩種股票都經歷「價值類股」股價下跌的融資衝擊，基金股價低於淨值。我計算過他的基金可以利用多少券商的融資，卻不會收到追繳保證金通知——即使股價進一步下跌20％後仍然如此——於是我利用充分的融資，買進他的基金股票。行情上升時，我享受「六種層面」的好處：第一項好處是找聶夫當我的投資經理人，第二項好處是股市回升，加上「價值股」的優異報酬率，以及雙子星資本基金股票從「折價」變成「溢價」的好處，以及雙子星基金利用融資和我大量利用融資的好處。雖然我的投資顯然具有所有的融資風險，我卻基於一個重要的原因，覺得很有信心，也覺得相當安全：我知道聶夫十分嚴格地規避風險，又是紀律嚴明的理性投資專家。隨後的二十年裡，我得到非常高的報酬，風險又極為低，這要感謝號稱「專業投資人最喜歡的投資專家」聶夫傑出的操作。

麼感覺，曾經採取過什麼行動？

接著要學習了解投資市場的外在狀況，不要期望投資經理人能夠交出超過他們能力的成績，如果你堅持要得到「打敗大盤」的績效，你會找到願意做這種承諾的共同基金業務員。但是他們真的會──真的能夠──信守諾言嗎？大部分業務員都不會信守承諾──何況事前看出誰會是高明經理人並不容易。

接著，如果你仍然比較喜愛積極型管理，不喜歡指數型投資，那麼你要選擇顯然有能力完成你所交付任務的經理人。有一個說來簡單，但是大部分投資人非常難以遵循的良好原則可以依據，就是：**如果一檔基金的績效明顯落後大盤兩、三年，這檔基金的經理人被大家公認操作能力很差，而你不敢放心地「加倍」投資，那麼你絕對不能投資它們。**

最後，要努力規範自己，堅持信心，信守穩定的長期計劃，不要理會市場先生的惡作劇，市場先生胡作非為時，要遵循凱撒大帝的明智建議：「不要煩憂小事！」

絕對不要只因為一檔共同基金一、兩年的績效不如大盤，就跟這檔基金解約。從在售票口和機場安檢行列排隊的經驗中，就知道從這一行換到另一行排隊，並沒有什麼好處，[3] 改換投資經理人的效果甚至更差，而且改換基金的成本高昂。要繼續投資能力高強、遵守本身承諾的共同基金經理人──在經理人暫時跟當前

---

3. 這種現象叫做艾托瑞法則（Ettore's Law）。排隊時別隨便換排另一條線，因為通常換了之後，只會看到原來排的那條反而比較快。

市場環境脫節時，尤其如此——在投資方面，要表現出真正「慎重的客戶精神」，最後一定會得到報答。

聰明的投資人會慎重選擇共同基金，然後堅持到底。非常聰明、消息靈通的投資人會採取進一步行動：會選定幾位長期「決賽選手」——會選擇這些人，是因為他們的內部文化確保他們會努力追求長期的專業傑出表現——再選定因為市場環境惡劣，導致最近成果低迷的經理人，然後在後來比較有利的市場環境中，靠著回歸平均數的力量，得到額外的好處。

因為你從利用指數型基金這種簡易的方法開始研究，你一定要確定自己決定多付一些錢，購買積極管理型基金的決定正確無誤。為未來選擇優異的共同基金很難，我們已經知道，多年來，大部分收取龐大費用，為大型機構服務的大多數投資顧問公司，一直都專門做選擇投資經理人的工作——而且還擁有大批研究人員，詳細研究所有基金經理人的紀錄，詢問基金經理人各式各樣的問題——但是他們通常都不成功。一般說來，專家經過細心努力研究選擇的經理人，都無法勝過大盤指數。劍橋公司的報告坦白指出：「完全根據最近的績效聘用或解雇經理人，沒有健全的基礎。」

如果你決定選擇積極管理型共同基金，你一定要認清自己會碰到的挑戰，認清你必須正確做出的困難決定：

■ 是否有任何基金家族在未來的很多年裡，會勝過大盤？

- 你能否看出未來會受到歡迎的少數基金家族？要怎麼辨識？

- 你能否在適當的時間，做出正確的決定，採取正確的行動？

- 如果你真的選擇了一檔優異的基金，這檔基金會繼續保持這麼優異的績效嗎？這檔基金管理的資產、基金經理人的公司或基金經理人個人的「生活狀況」會不會出現極大的改變，以至於這位經理人不再能創造這種優異成績呢？

- 如果這檔基金的投資績效似乎令人失望，你是否能夠分辨這種情形只是暫時性的現象，很快就會反轉，或是這種情形實際上只是將來一系列令人失望成績的序幕呢？如果你十分不情願地決定贖回這檔基金，你必須面對下一回合的挑戰，再度應付同樣的困難決定。

如果你的基金收取「手續費」或銷售費用，改換共同基金的成本會特別高昂。即使基金不收取銷售費用，也有證據顯示大部分投資人都來不及脫身──通常轉到下一檔基金的時機也太遲了。請注意：**極為關心你、樂於協助你的業務員能夠賺錢，靠的就是說服你改換基金**，他們可能很友善，但是在幫你達成長期獲利成就方面，卻可能不是你的朋友。

還有另一種成本：如果你接受改換基金觀念，其實只是正常生活的一部分，那你選擇基金時，可能會比較不謹慎。如果是這

樣，你會成為問題的一部分，而不是解決之道的一部分，你會需要不斷改換選擇時不夠慎重的基金。跟共同基金「約會」是一種自我毀滅的循環，不要陷在這種困局中。

很多共同基金經理人——尤其是管理大型基金的經理人——的所作所為，很像真正的目標是要盡可能地保住他們已經積聚的資產。這種做法可能、而且的確會造成大部分基金通常把80％的投資組合，拿來「擁抱指數」，或是採用「密室指數化」的做法，只拿剩下20％的投資組合，設法證明他們收取的管理費百分之百合理，但是這種做法非常不可能達成目的。

只有少數共同基金在經過風險調整後，能夠創造十分優異的長期成果，這方面的資料相當悲慘，就像法國聖西爾軍校（St. Cyr）1913年畢業班，注定要在一次世界大戰壕溝中作戰，前仆後繼。五十年來，共同基金合計年度複合報酬率輸給標準普爾500指數1.8個百分點，報酬率為11.8％，低於這個指數13.6％的報酬率[4]。過去二十年來，指數型基金的報酬率一直勝過80％的美國共同基金。普林斯頓大學備受愛載的墨基爾教授經過多年慎重研究後，發現要估計一檔基金和其他共同基金相比的未來績效，最好的方法是只根據兩個因素投資：一是投資組合周轉率，二是費用（在這兩個因素中，**比較少就是好**）。

---

4. 請參考柏格（John C. Bogle）1999年2月3日在佛羅里達州奧蘭多投資展中所發表的演說〈複雜與簡單兩種投資文化的衝突〉。

Chapter 19

小心偏高的投資管理費！

價格的確不是一切，但是同樣確定的是，從提高報酬率的角度來分析管理費的增加時，管理費絕非「幾乎一文不值的東西」。

　　長久以來，雖然有些批評者對投資管理費表示不滿，大部分投資人卻都認為，投資管理費用「便宜」兩個字最能形容。尤其是投資人認為管理費極低，以至於在選擇投資經理人時，變成幾乎是無關緊要的因素。

　　這種看法是錯覺，從實際情況來看，積極管理型基金的管理費很高——甚至遠高於批評者所知道的水準。

　　從管理費占資產比率的角度來說，一般的管理費看來的確相當低——對散戶來說，管理費只占資產的1％多一點，對機構投資人來說，只比資產的0.5％略高（參照下頁表19‧1）。但是這種算法不是計算或說明管理費的正確方法，投資人已經擁有自己的資產，因此實際上，管理費應該根據投資人從經理人所創造報酬率中分到的部分，作為計算基礎。用正確的方法，計算管理費占報

酬率的百分比,管理費看來就不再便宜。你自己可以算一算,如果年度平均報酬率為8%,那麼同樣的管理費就不是1%或0.5%,而是更高,個人所付出的管理費占報酬率的12%以上,機構法人付出的管理費占報酬率的6%。

但是就連這樣的計算,還是嚴重低估了「打敗大盤」積極投資管理的真正成本,原因如下:指數型基金是一種可靠的「金融商品」,可以穩當地提供市場報酬率,承擔的風險卻不超過市場風險。指數型基金目前收取的管理費很低,針對投資機構所收取的管理費在0.05%以下,對個人所收取的管理費在0.2%以下。

因為金融商品對所有投資人開放,我們應該應用我們在經濟學概論中所學到的教訓,當可靠的商品普遍供應時,任何替代產品的真正成本,是隨著價值增加而比例增加的成本。因此理性投資人應該認為,積極型經理人所收取管理費的真正成本,不是總

表19‧1

涵蓋46580檔股票型與固定收益型基金管理費的研究發現,美國的基金管理費遠低於其他國家,實際情況如下:

國家	年度基金管理費總額比率	國家	年度基金管理費總額比率
加拿大	2.41%	瑞士	1.84%
澳洲	1.41%	英國	2.21%
法國	1.64%	美國	1.04%
德國	1.79%		

Source: Khorona, Servaes and Tugano (2006).

報酬率的一定百分比,而是隨著經過風險調整,高於市場指數的額外報酬率一定比率的額外管理費。因此,正確地說,積極管理所收取的管理費非常高[1]。

如果你認為,管理費水準應該依據基金股東所得到實際利益的一定比率收取,你一定會驚訝地發現,大部分共同基金收取的管理費——和經過風險調整的額外報酬率相比——超過100%。這樣說完全正確:所有的附加價值——加上若干價值——都流入經理人手中,沒有剩下半點好處留給拿出所有資金、承擔所有風險的投資人。基金業的確是一種可笑的行業,值得所有人三思。

有哪一種服務業所收取的費用,占客戶所提供價值的比率,高到這種程度?積極管理型經理人還能夠繼續享受多久的好日子?還能繼續假設客戶看不出真相、看不出積極管理型投資所收取的管理費,和指數型基金相比,費用高得驚人的真相?

積極管理型投資收取的管理費歷史悠久、也很有趣。過去有一段時間裡——五十年前——大家認為投資管理是「最會虧損的業務」。二次大戰後,美國政府凍結薪資與物價期間,退休基金以「員工福利」的形式開始勃興時,這種新業務大多數由主要銀行控制,主要銀行同意完全不收費用,或只收極少的費用,以「服務顧客」的方式,代為管理退休基金資產。

但是大銀行找到一種走後門的方式,把這種業務「貨幣化」。當時證券商收取昂貴的固定費率手續費,銀行根據雙方同意的比

1. 目前台灣股票主動型基金的管理費約為1%到2%。

例，把手續費變成現金餘額，經紀商領取高額的固定費率手續費，得到「互惠」的經紀業務，銀行利用這種業務，換到「不計利息」的餘額，可以用市場當時的利率水準，把現金餘額貸放出去。到了1960年代，DLJ、米契爾哈金斯（Mitchell Hutchins）、貝克威克斯（Baker Weeks）等承作機構法人證券經紀業務的公司，已經設立投資管理部門，名義上收取全額管理費（通常為1%），卻把名目上的管理費，用經紀業務所產生的證券經紀手續費完全沖銷掉——漏洞出現了。

1960年代末期，摩根銀行率先開始收取管理費，宣布要對機構法人收取0.25%的管理費，當時華爾街一般業者都認為，這種做法會使摩根銀行喪失數量驚人的業務，但是實際上，摩根銀行只失去一位顧客而已。

就這樣，將近半個世紀管理費持續不斷增加的潮流開始了，客戶認為，如果能夠選中適當的經理人，額外增加的報酬應該可以輕鬆地超過他們所付出的管理費。即使到了今天，雖然大量證據顯示情形正好相反，散戶和機構投資人通常還期望自己選擇的經理人，能夠創造遠高於市場報酬率的報酬，這就是大家認為管理費「便宜」的原因。

有一個比較小的異常狀況引起越來越多人的注意：就是過去五十年來，以資產為基礎計算的管理費大幅提高——對機構投資人和散戶都提高四倍以上——投資成果卻因為很多原因沒有改善。股票市場已經出現大幅變化，成交量尤其如此。過去五十年

來，成交量增加了二千倍──每天的成交量從2000萬股，增加到超過40億股──衍生性金融商品的成交值從零，暴增到遠超過現股市場的成交值。機構法人交易占證券所成交量的比率從不到10％，暴增到超過90％。改變遊戲規則的東西如彭博資訊、財務分析師、電腦模式、全球化、避險基金、高頻交易和網際網路已經變成市場中的主要因素。

最重要的是，全世界訓練有素、勤奮工作、創造任何競爭優勢的專家數量大增。因此，今天的股市是極多勤奮、獨立、經驗豐富、消息靈通的專家每天評估本益比的總和，所形成的結果就是世界有史以來最大的「預測市場」。一旦證券公司的經理人企圖「打敗大盤」時，將受到這種專家共識的嚴厲挑戰。

如果說管理費上升、希望「打敗大盤」的績效下降，這樣的趨勢是對投資人提出警訊──當然應該如此──客觀現實應該促使認定投資管理費便宜的所有投資人三思[2]。從正確的角度來看，積極管理型基金收取的管理費並不低廉，反而相當高昂，甚至可以說是非常高昂。

有大量證據顯示，事前要看出一位特定投資經理人──在扣除成本、稅負和目前所收取的管理費後──將來能夠達成「打敗大盤」這個神聖目標的希望極為渺茫。沒錯，這是真的，有些經理人總是會打敗大盤，但是我們沒有穩當的方法，可以在事前判

---

2. 2012年2月，美國勞工部宣布，將要求基金管理業者對401（k）退休金帳戶的相關參與者提供更多手續費的相關資訊。

定哪些經理人會是幸運兒。

價格的確不是一切，但是同樣確定的是，從提高報酬率的角度來分析管理費的增加時，管理費絕非「幾乎一文不值的東西」。難怪越來越多散戶和投資機構轉而投資ETF和指數型基金——而且有經驗的人更是穩定增加這兩種產品的利用。

他們的推理值得深思：如果整體而言，積極投資管理無法獲勝——因為極多高手使這種做法變成「不值得參與的遊戲」（也就是變成輸家遊戲）——而且要尋找能夠打敗大盤的傑出經理人太難，為什麼不接受指數化所帶來的持續一貫的績效？為什麼不接受至少比較低的管理費和稅負呢？對採用指數化的人來說，積極型投資管理似乎是「希望勝過經驗」的另一個例子。

同時，沉迷在複雜的積極投資管理、工作勤奮又快樂的經理人是否可能想到，目前世界性積極管理所得到的報酬，已經陷入他們自己創造的全球性泡沫中呢？管理費下降的陰影是否已經籠罩投資管理業的未來？

Chapter 20

投資規劃

要把投資的時間和方式區分開來，你的投資不知道你的期望或意圖——實際上也不在乎這些事情。

是的，死亡是每一個人最終要面對的現實，但是身為投資人，你可能太重視這個終點了。例如，假使你計劃把大部分的資產遺贈給子孫，即使你已經七老八十，你的家庭投資規劃的適當時間架構，很可能還是非常長久，長到可以讓你忽略下述一般的投資說法，如「老年人應該投資債券，追求較高的收益和安全性」，或是「要決定你的資產有多少比率應該投資在股票上，只要用一百減掉你的歲數就行了」。

對你和你的家人來說，比較明智和比較好的決定可能是百分之百投資在證券上，因為**你的「投資時間架構」遠比你的「生存時間」長很多**。如果你所愛的人（你的家人和繼承人），甚至你所愛的機構（你最喜歡的慈善事業）都很可能比你長命，而且幾乎一定比你長命，那麼或許你應該拉長你的「投資規劃時間架構」，

長到不但涵蓋你自己的有生之年，也涵蓋他們的生命期間，例如，如果你現年四十歲，有一個五歲大的兒子，你真正的投資時間架構可能不止是（你預期還能活的）另外四十五年而已，而是接近你兒子將來還會再活的八十年——如果你計劃把任何資金留給他，更是如此。即使你現年七十五歲，如果你有個小孫子，甚至有個你鍾愛的慈善事業，你的投資時間架構可能一樣長。

投資人都會死亡，但是我們的投資不知道這一點——坦白說，也不在乎這一點（請記住「亞當斯密」所說的另一個告誡：「股票不知道你擁有它。」）這種說法適用在包括股票、債券、不動產之類的所有投資。今天具有價值的一切，不管將來是由誰擁有，一樣會有價值。因此，**投資應該總是為投資而投資，不是為你的年齡之類的個人原因而投資**。

不要只因為你到了一定的年齡，或是已經退休，就改變你的投資。如果你買得起精美的畫作，你根本不會因為自己已經到了退休年齡，或是已經慶祝過七十或八十大壽，就對那幅你最喜歡的畫作視而不見。投資也一樣：為什麼不維持你為自己設計的長期策略呢？

複利很有力量。記得一個故事嗎？一位蘇丹對一位大臣心存感激，因為這位大臣偉大的行為，拯救了蘇丹的帝國，蘇丹希望好好地獎勵這位大臣，大臣謙遜地回答說，只願意接受在西洋棋盤的第一格放一粒小麥、第二格放兩粒小麥、第三格放四粒小麥、第四格放八粒小麥，然後以此類推。大臣指出，他不需要很

大的獎勵，這種加倍賜予的象徵意義，就能夠滿足他謙卑、感恩的心。蘇丹高興地接受這個似乎簡單的方法，以便回報自己的感恩之情。悲慘的是，他沒有體認到複利可怕的力量。任何東西連續加倍64次，都會變成天文數字。在這個故事中，少數幾粒小麥經過複利計算，總價值比整個帝國所有的財富加總起來還多！蘇丹為了維持自己在真主阿拉之前的榮譽，最後把整個帝國交給這位大臣。

今天我們大部分人應該比較熟悉下面這個故事：如果你在20世紀開始時，投資100美元在美國股票上，這筆投資今天應該值多少錢？立刻告訴你答案，值73萬3383美元！哇，100美元變成了七十多萬美元！但是別高興得太早！我們要問幾個有助於澄清事實的問題。所有投資人都必須了解，兩種風險會衝擊他們和他們的投資，一種是「市場風險」，另一種是「通貨膨脹風險」。下頁圖20‧1顯示，這兩種無法避免的風險在八十年期間會造成什麼樣的影響。前三欄顯示，股票所產生的名目報酬率幾乎是國庫券的三倍，而且國庫券從來沒有出現過虧損。第二個三欄——經過通貨膨脹調整——說明的情況大不相同，股票的實質報酬率整整是國庫券報酬率的九倍。

請注意出現負報酬率年度所占的比率。國庫券經過通貨膨脹調整前，從來沒有出現過虧損，股票在30％的年度內出現負報酬率，但是經過通貨膨脹調整後，國庫券和股票在35％的年度內，都出現負報酬率（債券略差一些）。

圖20‧1
權衡市場風險與通貨膨脹風險

1926-2006年 間總報酬率	名目報酬率			實質報酬率		
	年度平均 報酬率	負報酬率 年度所占 比率	年度最高 虧損比率	年度平均 報酬率	負報酬率 年度所占 比率	年度最高 虧損比率
100%國庫券	3.8%	0%	0.0%	0.8%	35%	−15.0%
100%債券	5.2	9%	−2.3	2.1	38	−14.5
100%股票	10.5	30	−43.1	7.2	35	−37.3

Source: Adapted from Vanguard Investment Counseling & Research

　　重點不是複利多麼善於增加實質的財富，而是通貨膨脹會無情地摧毀財富的購買力，速度幾乎和經濟成長創造財富的速度一樣快。只有實質的淨獲利才能花用。

　　因此，要小心一些文宣和廣告，這些東西用未來賺到驚人財富的虛幻承諾，欺騙投資人，卻不解釋通貨膨脹同時會造成極為不利的影響，會冷酷無情地摧毀你的資本。在1960年用100美元可以買到的東西，到2008年要花上七百多美元，才可以買到。

　　通貨膨脹的侵蝕力量是投資人最大的敵人。如圖20‧2所示，只要經過二十年，1美元的購買力就會萎縮成0.35美元。研究經過通貨膨脹因素調整後的道瓊工業指數，可以看出通貨膨脹對投資的真正傷害，請特別注意：

　　■ 從1977到1982年，經過通貨膨脹調整後，道瓊工業指數在

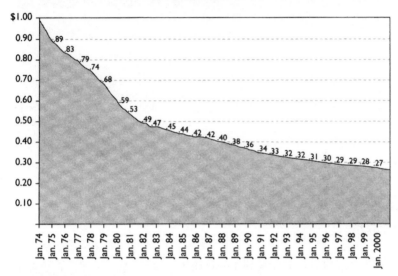

圖20‧2

1 美元價值縮水情形

Source: Consumer Price Index, U.S. Department of Labor

　　五年內跌掉了63%。

■ 理性的長期投資人應該知道和記住的是：從1960年代末期
　到1980年代初期的十五年內，未加權股市經過通貨膨脹調
　整後，大約暴跌了80%。因此投資人在1970年代這十年
　內，實際遭遇比1930年代的十年期間還淒慘。

■ 1993年時，道瓊工業指數經過通貨膨脹調整後，等於1929
　年高度投機的「泡沫」市場巔峰時期的水準。即使不理會
　這些年代裡收到的股息，要六十五年才能損益兩平的確是
　漫長之至的等待。

投資人開始規劃健全的財務計劃時，一定希望得到下列三個最重要問題的正確答案（所謂「正確」，是因為答案能夠讓人安心、又合乎理性）。

- 我的計劃能夠確保我在退休之後，克服通貨膨脹，得到足夠的所得，保持適當的生活水準嗎？對大多數人而言，這種「足夠的所得」大約等於退休前開支的75％到80％，加上以複利計算，每年增加3％到4％的支出，才能抵銷通貨膨脹。
- 我的財務準備金足以應付緊急意外事故嗎？——這點通常指的是健保支出——尤其是應付老年時的健保問題嗎？請注意！一般人在世時，80％的健保支出，都是在生前最後六個月花用掉。女性比男性長壽，妻子又經常比丈夫年輕，因此，大部分的丈夫都希望在自己過世後，能夠讓孀居的妻子過舒服的日子。
- 剩下的錢有多少？能夠滿足我遺贈給繼承人和慈善機構的目標和意願嗎？

如果這些核心問題不能得到徹底、肯定的答案，你的計劃就需要重新考慮和改變，而且可能需要大幅改變。如果你需要改變，現在就必須這樣做，以便時間站在你這邊，可以盡量幫你。寫下你的目標——也寫出你希望達成目標的日期——這樣你可以

根據自己明確的計劃，衡量你的實際進展，因為在投資的所有問題中，時間都是關鍵。當投資決策的動力來自與投資無關的事情時，例如投資決策跟子女進大學的時間、跟你獲得一筆遺產的時間有關，或是跟你的退休日期有關時，那便不太可能是最好的投資決策。要把投資的時間和方式區分開來，你的投資不知道你的期望或意圖──實際上也不在乎這些事情，身為投資人，你必須適應市場，市場不會配合你。

在你作為投資人的歲月裡，最適合你的投資計劃會一再改變，原因之一是你的環境和財力會變化，原因之二是你的目標和重大抉擇會改變。但是如果你的計劃考慮越周到、健全、及早規劃，你應該不需要隨著時間流逝，而改變你的計劃。規劃健全的長期投資計劃時，以**十年為一個單位**是最適宜，因為探討十年這麼久的時間，會有助於提醒我們健全的投資具有長期性質。

當然，只有實際執行後，先前的規劃才有用，投資人應該遵照某教練有名的告誡：「計劃好打法，然後照表操練。」

第一步很清楚，就是擺脫負債。你清償掉就學貸款和買第一棟房屋的所有負債後，達成了第一次的勝利，這是一種得來不易的美妙感覺。擺脫負債的關鍵很清楚──就是儲蓄！

節儉度日的習慣──花費減少，並且延後花錢的時間──對儲蓄很重要。假設或希望自己的所得應該會超過支出的人，可能是相信奇蹟，但是這種人注定會失望，而且注定經常會大大的失望。你必須先付出，先定期把錢儲蓄起來，在共同基金公司開立

定期定額帳戶，每個月自動從你的銀行帳戶或薪資帳戶中，扣除一定金額的款項，是自己先付出的好方法。如果你的雇主訂有固定提撥退休計劃，你一定要提撥最高上限的金額參加。說明白一點，確保雇主在你的401（k）退休金帳戶計劃，提撥金額一定要提撥到上限為止。為什麼要把免費的鈔票留在桌上呢？

慎重、明智的借貸和債務纏身大不相同，合理的借貸者有充足的償還能力，最重要的是，可以決定或控制還款的時機，所以很安心。債務纏身的人只能由貸放者決定是否借錢給他，而且必須在貸方決定的時間還款，這就是抵押貸款跟「債務纏身」大不相同的原因（就像借貸和欠債不同，退休和年老也不一樣，退休後，你有更多的時間旅行、閱讀、運動和培養其他興趣；年老後，你每天、每晚都會這裡痛、那裡痛）。

圖20‧3說明了跟通貨膨脹有關的重要事實。第二欄的數字是「儲蓄目標」，是你到六十五歲時，希望在扣除通貨膨脹因素後，每年可以獲得3萬5000美元花用的前提下，今後你所需要儲蓄的金額（如果你希望每年有7萬美元可以花用，以便維持你的生活型態，就把這一欄的數字乘以2，如果你希望有10萬5000美元可以用，就乘以3，其餘以此類推）。下面要說明你應該怎麼看這張表：

- 在最上面一欄找到你目前的年齡。
- 儲蓄目標是你從六十五歲起，希望扣除通貨膨脹因素後每

年有3萬5000美元可以花用，今後必須儲蓄的資本。

■ 左邊是目前的儲蓄金額──金額從0到25萬美元，是你目前投資在免稅投資工具上的儲蓄，這種儲蓄預期會以每年10%的投資報酬率，累積到你六十五歲為止。

■ 本表的其他部分顯示，你每年需要儲蓄和投資多少錢，才能達成你的儲蓄目標。

■ 六十五歲退休後，假設平均報酬率為7%，而且進一步假設你到了九十歲，所累積的儲蓄應該已經完全用光。

請你再看看圖20‧3，如果你的年齡為三十歲（請參閱第二欄），你到六十五歲時，希望每年擁有3萬5000美元的實質用度，你需要累積250萬美元的儲蓄。這一欄根據你已經累積的儲蓄水準，說明你每年必須儲蓄多少錢，才能達成目標。

圖20‧3
每年獲得3.5萬美元實質收入的儲蓄方法

你目前的年齡 儲蓄目標	25 $3 mil.	30 $2.5 mil.	35 $2.1 mil.	40 $1.7 mil.	45 $1.4 mil.	50 $1.1 mil.	55 $.94 mil.
你現有的儲蓄	你每年必須儲蓄多少錢						
$ 0	$6,890	$9,248	$12,524	$17,217	$24,300	$36,004	$58,995
$ 10,000	$5,868	$8,211	$11,463	$16,116	$23,125	$34,689	$57,367
$ 25,000	$4,334	$6,656	$ 9,872	$14,463	$21,363	$32,717	$54,926
$ 50,000	$1,777	$4,064	$ 7,220	$11,709	$18,427	$29,430	$50,857
$100,000	$ 0	$ 0	$ 1,916	$ 6,201	$12,554	$22,856	$42,720
$250,000	$ 0	$ 0	$ 0	$ 0	$ 0	$ 3,315	$18,308

（單位：美元）

請注意，其中有一些相當有利的假設：你所有的儲蓄都會投入租稅緩課帳戶，如401（k）退休金帳戶計劃，同時這些計劃進一步假設每年會複合成長10％，到你六十五歲退休為止。從目前的行情水準開始這樣做，這種目標可能可以達成，卻不容易──即使你完全投資在股票上，也是這樣，投資在債券上的話，根本不可能達成目標。

還記得用兩個未知數解決等式的代數嗎？你上過三個未知數的課程嗎？我們身為投資人，面對的是相當複雜的挑戰，必須解決五個重大未知數的謎題，至少也要明智、理性的管理這個謎題，何況每個未知數都在不斷變化，這五個未知數如下：

- 投資報酬率
- 通貨膨脹
- 支出
- 稅捐
- 時間

有一項跨越三十六年的研究，假設投資人投資高達一百萬美元，然後評估各種投資計劃的成果[1]。這段期間內，名目複合報酬率相當高：股票的名目複合報酬率為11.8％，債券為7.9％，國庫券或與現金相等的投資標的為6.8％。理論上，最初100萬

1. 安聯伯恩斯坦公司（AllianceBernstein）針對1964至2000年間經驗所做的研究。

美元所產生的最後投資組合價值像下面所列的一樣，令人非常滿意──但是我們很快就會發現，這種成績騙人的意味非常濃厚：

股票　　　5500萬美元

債券　　　1550萬美元

國庫券　　1070萬美元

每一個人都是贏家！表面上看來可能如此，但是下面列出扣除稅負後的成果：

股票　　　3020萬美元

債券　　　　660萬美元

國庫券　　　440萬美元

稅負造成的差距真大 ── 對債券和國庫券尤其如此。請注意，研究中假設的稅負極低：投資人只繳納聯邦稅（不繳納州稅或地方稅），沒有其他應稅所得來源，而且夫妻合併申報。對大多數能夠投資100萬美元的投資人而言，實際稅負幾乎一定會比較高[2]。

2.美國股票的有效稅率遠低於債券的有效稅率，因為股票報酬率的一部分來自行情上漲且資本利得的稅率比較低，還經常可以緩課很多年──到決定賣出後才課稅。在台灣，凡買賣有價證券，如股票、債券，賣出人便須被課徵千分之三的證券交易稅。另台灣目前並無課徵證券交易所得稅。

你要準備接受通貨膨脹的衝擊，因為這就是我們把名目或表面價值變成實際價值的方式，這樣產生的結果相當慘澹，下面是經過同樣三十六年通貨膨脹調整後的成果：

股票　　　540萬美元

債券　　　120萬美元

國庫券　　 80萬美元

上述資料顯示，對投資人來說，通貨膨脹是遠比稅負大得多的問題。以實質購買力計算，經過整個世代之後，債券投資的成果只比最初投資金額多20％[3]。國庫券的實際購買力比最初的投資減少20％。難怪大家把稅負和通貨膨脹，稱為「可怕的財務海盜」。

如果這項研究納入共同基金的實際持有成本，如各項費用和交易成本，情形應該會更糟糕。連一般的貨幣市場共同基金，每年都要收取大約0.5％的費用，債券基金最多要收取1％的費用，股票型基金收取的費用可能高達1.5％。扣除這些費用後，你應該會得到下列扣除持有成本後的淨收益：

---

3. 從1950年起，如果投資免稅的美國市政公債，然後繼續持有，並且把收益再投資，經過二十年，其中只有一年不會虧損。在1950年這個有利的第一個投資年度，扣除通貨膨脹後，會賺到0.01％的收益，但是還沒有扣除管理費或保管銀行的費用。

股票	180萬美元
債券	75萬5000美元
國庫券	58萬9000美元

最後，就像2008至2009年間的教訓，痛苦地提醒所有投資人一樣，你要賺到長期「平均」報酬率，必須能夠堅忍不拔，在市場下跌、損害你的投資組合，你繼續堅持下去的信心和決心都搖搖欲墜時，完全投資在市場中。

花費是第二個重要因素，在這方面，時間又會造成所有的差別。請考慮一下兩種常用花錢規則的後果，第一種花錢規則是「把退休後的用度限制在降低到本金的5％以內」。如果你遵循這種花費規則，而且你把資金完全投資在債券上，你100萬美元的實值購買力應該會下降到只剩20萬美元。完全投資在股票上的投資組合做法當然比較好，但是也好不到哪裡去，這個投資組合大約會上漲30％——也就是一年漲幅不到1％。

另一個花錢規則是「把支出限制在所收到的股息和利息的現金收益範圍內」（也就是投資人只花用從投資組合中得到的現金收益）。遵循這個規則的投資人一開始時，能夠花用的錢遠不如遵循花用5％本金的人，但是因為股息會隨著企業盈餘而提高，這種投資人很快就會趕上去，在花費方面，會超過第二種投資人，在這方面，複利再度發揮力量。

要注意微妙的危險，身為投資人，你幾乎總是可以靠著大幅

提高債券或高股息殖利率的所謂收益股，產生更多的收益。但是其他投資人都很理性，只有在他們預期明天會有更多收益時，今天才會讓你得到更多收益[4]。因此，看來相當高的經常收益中，有一部分是資本的報酬。例如，高收益債券可能付出8％至10％的利息，但是這些利息中，有一部分其實是資本的報酬──這些資本必須用來沖銷偶爾出現的違約風險，而且高收益債券經常會有違約的問題。

你該怎麼辦？退休後，你要變得保守──安全勝過後悔。以投資組合三年平均表現為基準，把你每年提用的金額限制在此基準的4％之內。這個比率會保護你的投資組合不受通貨膨脹和過度開支的危害。如果你每年必須提用5％，你一定會希望更高的穩定性。你退休那一年，要把等於五年平均支出的資金，投資在中期債券，其餘投資在股票中，且每一年要把下一年的支出從股票投資中撤出，改為投資債券，但是如果行情高漲，人人都說前途無量時不要這樣做──如果是這樣，你把等於兩年支出的本金從投資股票，改為投資債券，應該會很明智；如果人人都說前途大好，你可以把三年的支出從股票中轉投資到債券中。不錯，這樣做是某種形式的波段操作（預測市場），但是逆市而行基本不會錯。

如果你必須提用6％的退休老本，才能舒服地過日子，你必須

4.市場這個地方是其他參與者樂於讓你從自己的投資中，賺到更多收益的地方，唯一的前提是你讓他們賺到的收益，比他們想要賺的錢還多。

知道，經過通貨膨脹調整後，你將來會用光老本——最後會沒有錢可以用。如果6％還不能滿足你的花費水準，那請設法降低用度到可以永續維持的水準，沒有人希望過著貧賤無依的晚年。

金錢是儲值媒介，把過去和現在、也把現在和未來連接在一起。你可以根據4％的比率，估計你每年想花多少錢，需要多少財富，才能產生這筆收益。決定你目前擁有多少財富，每年需要儲蓄多少，然後看看能否經由明智的投資計劃，達成累積資本的目標。如果你設計的第一個計劃行不通，就回頭再做一次，計劃每年多儲蓄一些，或多工作和儲蓄幾年，或是平常過日子少用點錢。請注意，樂觀不能幫助你，每一個假設都要謹慎、保守：有關你的儲蓄率、投資報酬率的假設都必須如此，跟開支有關的假設也要這樣。

投資人如果依靠每年的投資收益過日子，好消息是國庫券支付的利息每年都會波動——有時候波動得還很厲害——但是普通股投資組合的價值幾乎從來沒有下降過，而且通常大致還會跟隨著通貨膨脹率而成長。

把你的儲蓄和資本目標，跟務實的投資報酬率期望和你擁有的時間架構結合起來，你就可以畫出自己的投資人三角形，看出你每年需要提撥多少資本或儲蓄，投入自己的長期投資中，成功地達成務實的目標，為退休期間，準備足夠的錢以供開支（你的會計師或投資顧問可以幫你計算）。

如果你驚訝地發現，每年需要儲蓄和投資很多錢，才能達成

退休後的花費目標，那麼知道不只是你才覺得驚訝而已，或許會讓你略感安慰。**退休很昂貴**，原因之一是我們比父祖輩都長壽（而且在我們的晚年，會需要更多的醫療費用），但主要原因是通貨膨脹是極為有力、無情的大敵。

投資人或許該考慮死亡兩面銳利的諷刺性，如果比預期和計劃的時間早死，儲蓄多年的財力當中，儲蓄者至少會用不到其中一部分。如果死亡時間比預計的晚，儲蓄的錢財可能太少，結果可能是窮困不堪。你一定要慎重，但不能過度慎重，你可能儲蓄太多，愛你的人不希望你強迫自己過著窮困的日子，好讓他們在你身後，多一筆可以花用的錢。

對長期投資人來說，經由健全的投資諮商，獲得明智又最適合自己的財力、責任、風險忍受度、投資技巧和慈善意願的長期投資計劃，是十分划算的做法。諷刺的是，大部分投資人在規劃最適當的長期投資計劃時，不肯、也不願意花錢找真正的幫手，這種嚴重過失造成了龐大的機會成本，錯過了原本唾手可得的東西。

大部分投資人花不到1000美元的費用（每十年才支付一次），就可以從大型基金公司中，得到非常好的投資諮商。大部分投資人每年經常支付超過1萬美元的投資操作費用，如經紀商手續費、顧問費用和管理銀行費用。諷刺的是，投資人樂意無知地付出較高的費用，得到的價值卻比較低。

建議：一年裡選一天（例如你的生日、元旦或感恩節）作為

你「完全不管投資的日子」，保證每年在這個日子裡，花幾個小時，平靜而有系統地寫出下列問題的答案（第一年的檢討可能要花好幾個小時，第一年檢討後，你可以更新去年寫下來的計劃，花的時間不會超過一小時，你可以在「檢討日」前大約一星期，重新看去年的計劃，以便下意識中記憶猶新，為你反覆做正確的思考與反省，使這一小時產生更大的效果）。下面這些問題有助於釐清和說明你的目標：

- 退休期間，除了社會安全和雇主的退休給付外，我每年希望有多少收入？
- 我的退休歲月有多少年？（這裡的關鍵是估計你可以活多久，你可以問醫生，如何運用你父母和祖父母的平均壽命，確定你自己的合理「遺傳因素」，再依據現在的醫療進步狀況和你個人生活型態的健全程度，做適當的調整）。
- 我準備依循什麼支出原則過日子？
- 我需要準備多少老本，才能維持退休後的生活？
- 經過通貨膨脹因素調整後，我需要多少儲蓄和保險，才能為配偶和自己，承擔全部的健保費用？
- 我希望遺贈多少錢，給每一位家人和任何特別的朋友？
- 我想花多少錢從事慈善事業？

接下來是大部分投資人認為真正困難的問題，就是估計你的

長期平均年度報酬率，下面是其中一種便於運用的解決方法。

首先，要了解在扣除通貨膨脹後，每種投資工具非常長期的報酬率大約如下：

股票　　　4.5%

債券　　　1.5%

國庫券　　1.25%

如果你操作時，假設自己所投資股票的長期實際報酬率能達到10%，你絕對是太樂觀了。

其次，請記住，在真正的長期內，最重要的投資決定似乎總是很明顯，請你據以行動，以下是做決定的兩條最重要規則：**凡是投資十年以上的資金，應該投資在股票上；凡是投資期間低於兩、三年的資金，應該投資在「現金」或貨幣市場工具上。**

下一步是準備你的投資資產完整清單，清單要包括下列項目：股票和債券上的投資、住宅的資產價值，以及所有退休計劃的資產，如個人退休帳戶、基奧計劃（Keogh Plan，為自由業或自營事業〔包括全職及兼職〕所制訂的租稅緩課退休金計劃）、401（k）退休金帳戶計劃或403（b）退休金計劃（非營利事業適用的退休金計劃）。

接著，檢討你的退休收入（你可以求助雇主的人力資源部門或你的會計師），明顯的收入來源包括：個人的退休給付、社會

安全給付和你的投資收益。

接下來，列出你希望遺贈給家人（和別人）以及有意捐出去的善款金額。

在長期的投資中，善意的疏忽確實會有報酬。你小心、嚴格地做出長期投資策略的基本決定後，應該堅持下去。就像莎士比亞所說：「問題不在命運，而在於我們自己。」因此，最重要的是，要抗拒想採取行動的可怕誘惑。撲克牌玩家經常說：「緊張永遠贏不到錢。」他們應該很清楚這一點。美國科羅拉多州滑雪勝地維爾（Vail）的某滑雪場，提供滑雪愛好者絕佳的服務──「小孩託放在這裡一天：收費5美元。」然後這個滑雪場根據過去和過度擔心的父母親打交道的經驗，提供另兩種「選擇」──「父母親看著小孩：收費10美元」，「父母親幫忙照顧小孩：收費25美元」。

最後要說的是：投資人在對你的總資產做出任何重大處置前，最好重新看看莎士比亞的名劇《李爾王》。

Chapter 21
慘劇再度爆發

這次從來都沒有不一樣過——只有細節總是「不一樣」而已。

　　2008年12月11日，八千位投資人——原本應該會愉快地收到一年一度10％以上投資報酬率的報告，這是他們透過關係良好的朋友私下引介，才能參與的祕密、不公開的基金操作所提供的報酬率——結果他們卻發現，自己實際上變成了馬多夫所推動龐大龐氏騙局（Ponzi Scheme）的受害者。

　　馬多夫說，他善於從事「價差執行轉換套利策略」，也就是利用衍生性金融商品把風險降到最低程度的策略，他清楚表明，這套策略具有極高的個人專利意味，因此他不願意討論任何細節，以免別人模仿他的技巧，摧毀每一個人所擁有的一切。他宣稱自己利用這種策略，買進股票，賣出買權和賣權（賣出賣權表示在一定的金額以上，不願意參與價格的上漲，同時賣權能用一定的金額，保護投資免於價格下跌的侵害）。馬多夫曾經擔任那斯達克股市董事長，是市場巨擘，為了保護他的祕密交易程序，他組

成一個緊密的小圈圈，不跟其他人來往，而且他利用只有三個員工的超小會計師事務所，查核他所主持基金的財務，所有的交易都透過他自己擁有的禁臠自營商執行。

馬多夫像1920年代的查爾斯·龐氏（Charles Ponzi）一樣，一直都不是靠著累積的利潤，而是靠著新投資人投入的新現金，付款給撤資贖回的投資人。每年愉快的收到10%左右投資報酬率的投資人——以這種報酬率計算，投下去的資金只要略超過七年就會翻一番，接下來的七年會翻兩番，然後會再度倍增——大部分人想到投資會穩定增加，都樂意投資馬多夫的基金，馬多夫的績效十分持續一貫，從1992到2008年間，只有十一個月虧損。

這樁弊案讓所有的人都學到一個教訓：**如果某事好到讓人難以置信，而覺得「這次不一樣」，就表示某事的確是好到不能相信，所以不要相信**。是的，馬多夫魅力十足、謙虛有禮、聰明過人；沒錯，馬多夫的公司是家族企業；對，你必須透過朋友的朋友引介，才能加入。不錯，你覺得你真的可以相信他；每個人似乎都相信他，10%的確非常好——好到足以吸引投資人——但是沒有好到不合理。美國證券管理委員會曾經收到幾次「密報」，卻沒有發現任何不當行為。馬多夫在多家慈善機構和其他高階位置上有很多朋友。

馬多夫最初估計，他一共蒸發掉500億美元，對馬多夫的受害者而言，這樁弊案是慘劇，因為他們的錢永遠也拿不回來。

＊＊＊＊＊＊

2008年10月6日，冰島這個地理位置偏遠、接近北極圈、歷史上和世界其他地方隔絕、只有三十二萬吃苦耐勞人口的國家，突然變成金融風暴的中心。冰島人經歷過一系列的苦難，一向習於儲蓄，也以冥頑不靈聞名，但是冰島有一個全國性的退休金制度，足以確保所有老年人口的生活安全。冰島總理哈爾德（Geir Haarde）透過電視說出兩件驚人的大事：冰島實際上已經破產，政府已經接管冰島所有的三家銀行。突然之間，一切都變了。

在哈爾德發表這番痛苦的聲明多年前，冰島雄心勃勃、自誇自讚、自稱「維京海盜殺手」（Viking Raiders）的年輕企業家大量借貸，併購很多公司——也買下很多大型的私人噴射客機和英國多家足球俱樂部。但是突然間，所有的貸款都凍結了，外匯交易停頓，整個國家破產，三家銀行也破產，冰島很多家庭和企業也一樣。

冰島貨幣克朗在世界資本市場中陷入凍結狀態。貸款容易取得，加上百分之百的不動產抵押貸款——以外幣貸出，同時不幸地跟通貨膨脹率掛鉤，本地通貨膨脹率每年暴增20％——使年輕人可以舉債購買房子、汽車和家具。原本足以保障所有冰島人晚年安穩生活的退休基金價值突然減半——隨後又進一步減少。

冰島國營銀行民營化後七年內，冰島的金融機構一共舉借了750億美元的外債——是冰島國內生產毛額的很多倍，同時使冰島

每一個人負債25萬美元（相形之下，美國高達7000億美元的金融救市方案「只占」國內生產毛額的5％）。有些人怪罪「維京海盜殺手」，有些人怪罪監理機關管理鬆散。過去從來沒有一個國家或一個國家的人口，淪落在這麼悲慘、這麼嚴峻的窟窿中，積欠外國人至深且巨的債務。

這就是冰島總統上電視正告全國國民的原因：「全國同胞們……此刻正是冰島國民必須團結在一起，面對逆境，展現莊敬自強的時刻。我敦促全國國民保護我們每一個人生活中最重要的事情，保護能帶領我們熬過這場風暴考驗的價值觀。雖然對很多人來說，前途暗淡，我仍然呼籲家人共同商討，不要懷憂喪志。我們需要對子女說明世界並未走到懸崖邊緣，我們所有國民都需要從內心中找到勇氣、展望將來……因此，我們憑藉冰島人的樂觀、堅強和團結，一定會熬過風暴，天佑冰島。」隨後冰島全國陷入一片沉默。

五十萬英國和歐洲大陸存戶——包括個人、慈善機構和地方政府——知道他們剛剛損失150億美元，也就是平均每一個人損失3萬美元的時候，沒有人同情冰島或是冰島的銀行。要收回這些損失所花的時間，會比大多數聽眾的有生之年還久。

＊ ＊ ＊ ＊ ＊ ＊

馬多夫和冰島的經驗在某種程度上，都跟2008年可怕的金融

海嘯有所不同。在這兩個案例中，虧損都是一去不復返的永久虧損，反之，市場卻會回升，因此個別投資人的重大風險——就像過去極為常見，將來也會一再發生的情形一樣——不是市場可能暴跌、而且的確會暴跌，而是投資人在驚恐之餘，以最低價或接近底部的價位，出清自己的投資，因而錯過了所有的回升，造成市場虧損變成永久的損失。在每一次可怕的市場慘跌之際，都有太多的投資人碰到這種狀況。

我們全都知道，市場行情由買盤和賣盤驅動，要把行情推升到天價水準，唯一的方法是擁有最多資金——包括借來的資金——的最大多數投資人相信股票「非買不可」的信念升到最高水準。把行情打壓到最低水準唯一的方法，是堅持不懈、集中在一起的最大量賣盤出現，這一切正是2008年秋季世界各地所出現的狀況。

這一切一開始時，大家都深信經濟與企業獲利展望十分良好，而且大家極為相信風險低落的看法。在世界上一個又一個股市中，股價漲到「完全反映」和「居高不下」的水準之間，市場上便宜的標的少之又少，如果經濟和企業獲利基本面繼續提升，這樣的股價或許還沒有問題。但是在投資人期望最劇烈的反轉狀況中，投資人、銀行、個人和政府——也就是利用債務融通擴張的世界金融體系——出現驚天動地的反轉。

信任消失，信用跟著付諸流水。罪魁禍首是融資的利用不斷增加，美國尤其如此。寬鬆的信用條件、居高不下的不動產估

價、低落的利率、衍生性金融商品、利用融資的避險基金大增，以及美國證管會授權華爾街經紀商提高舉債額度，是這場便宜信用雞尾酒會中的主要因素。決心解除經濟管制的共和黨人，和有意協助更多家庭取得房屋貸款的民主黨人結合在一起，採取行動，改變住宅貸款法規，增加房利美（Fannie Mae）和房地美（Freddie Mac）兩家房貸機構的信用供應，最後導致沒有所得、沒有工作、沒有資產的貸款戶舉借「忍者」貸款[1]，假設自己可以在不斷上升的房價中投機獲利。不當的房貸案例經過包裝，進行證券化，賣到世界各國。這種房貸證券根據所投保的信用違約保險，取得過於有利的信用評等，事後證明這樣的保險極度不足，房貸證券價值一暴跌，痛苦就傳播到每一個地方去。

經濟、市場和心理骨牌互相推動，當大家發現信用評等有問題，證券價值因而大減，信心消失，信用市場凍結，貸方抽避險基金的銀根，經紀商被迫一再不斷地賣出。投資人贖回避險基金的行為加重了賣壓，避險基金和其他機構拋售股票，籌集資金，應付貸方預期股價會進一步下跌，因而堅持不懈抽取避險基金銀根的要求。信用市場繼續凍結，著名的金融機構倒閉，政府的救市方案跟選舉前夕的政治局面衝突，強迫性賣壓和預期會有更強大賣壓浮現的心理出現，主導已經因為擔心經濟衰退而下跌的市場。美國股市在十四個月內，喪失了一半的總市值——損失金額

---

1. 指給那些No Inaome、No Job and No Assets（沒有收入、沒有工作、沒有固定資產）的人的貸款。

超過7兆美元。

信用評等機構遭到嚴厲抨擊，因為他們不能了解他們賦予最高AAA信用評等的次貸債券的真正信用。奇異公司之類的大企業甚至無法轉融通短期商業票券，雷曼兄弟公司倒閉，嚴重撼動信用市場。美聯銀行和華盛頓互惠銀行被迫強制合併，美國最大的保險業者美國國際集團（AIG）遭到政府接管。類似的慘狀困擾各國商業銀行、中央銀行和一個又一個國家的政府當局。然而，這種情況雖然帶來極大的痛苦，但經過通貨膨脹調整後，痛苦程度還不如1970年代的狀況。世界股市突然慘烈崩盤，迫使投資人要回答一個很難回答的問題：現在該怎麼辦？

每個投資人都在問「現在該怎麼辦？」的問題，會為風險的真正意義展現新的一面。在古典和最有力的定義中，風險是無法接受的永久虧損的函數。馬多夫和冰島的例子證明了這種風險，雷曼兄弟公司和其他業者倒閉，也證明了同樣的事情。為「逃往安全地帶」，2008年秋末賣光股票的個別投資人，他們使自己的市場慘劇變成永久性質的虧損。就像過去一樣，對長期投資人來說，最嚴重的錯誤應該是「出清股票」。但是也像過去一樣，很多投資人會做亡羊補牢的事情。從華爾街的術語來說，這種事情是重大的「**黑天鵝**」事件——黑天鵝是罕見的生物，但是偶爾會現身在世人眼前。

經過這次崩盤後，投資人應該會採取兩項防禦性行動，不是重新調整最適當的長期資產配置，就是體認股價跌幅遭到扭曲，

到了超跌的地步。

對接受長期股票投資邏輯的投資人來說，股價突然暴跌是下面四種力量結合在一起產生的結果：

- 債務槓桿比率已經抵達無法永續維持的創紀錄水準。
- 股價多少已經過高——已經「超漲」——即使經濟狀況繼續鼓勇前進，股價也應該出現10％的回檔。
- 全球經濟，尤其是美國經濟，即將陷入嚴重衰退的認知，可以說明為什麼股票的「公平價值」會再下修20％至30％。
- 交易者預期去槓桿的突然需求和諸多市場不確定因素，會帶來劇烈的賣壓，這種心理可以輕易說明空頭行情會再下跌20％到30％的原因。

採取這種觀點、思想中維持長期紀律的投資人會斷定，整體情勢的確令人震驚，但是分別看待這些因素時，卻不像所有因素造成的整體效果那麼可怕——特別是在2008年2月股市已經接近腰斬的時候。

投資人可能會問的下一個問題更難回答：為什麼能夠看出巨大的黑天鵝正在接近我們的人這麼少？長期投資人從中學到的教訓是：行情上漲時，大部分的價格由樂觀派決定，因此通常大部分價格都會高漲；樂觀派不研究不利因素，尤其是不研究新出現或改變遊戲規則的不利因素。

對於非常長期的投資人來說，可怕的市場虧損不是具有永久性質的慘劇，但是的確讓人痛苦難當。對於早些年退休、相信自己的401（k）退休金帳戶計劃中，擁有足夠的老本，可以讓他們過著舒適退休生活的人來說，現在他們突然發現自己擁有的老本不夠。隨著經濟衰退蔓延開來，股價大跌，加上大規模而普遍的裁員和全面不確定情勢，美國經濟和社會籠罩在一片非常黑暗的陰影下。何況個人碰到的慘劇層出不窮，例如領取獎學金的學生在校產基金價值下跌後，又碰到雙親之一失業，卻無法取得他們所需要的獎學金，因此必須退學，或是轉學到比較差的學校。很多人失業，開始動用儲蓄──以低價出脫股票的情形不勝枚舉。隨著失業率上升10％，社會疾病的病徵──包括家庭暴力、離婚、自殺、酒駕、闖空門和虐待兒童──的情形開始急速升高。就像平常一樣，大部分的痛苦和創傷都由個人私下默默承受。

　　我們再度學到要認識與尊重經濟法則的力量，也要認識與尊重最大的風險會產生，原因是越來越多人相信風險已經受到控制、相信「這次不一樣」的現實狀況。這次從來都沒有不一樣過──只有細節總是「不一樣」而已。

　　既然有機會重新評估本書所提供訊息的每一個層面，我要回歸到葛拉漢和大衛・杜德（David Dodd）在1934年初版的經典傑作《證券分析》中的建議：「**長期投資人應該避免從最近經驗裡的不利情勢中，學習太多東西。**」

Chapter 22

投資個人退休帳戶的好處

每一位有足夠財力的人，每年都應該提撥上限金額到個人退休帳戶中，好讓長期複利和租稅緩課這兩種引擎，發揮神奇的力量。

　　如果你有工作收入，個人退休帳戶會提供你可以享受租稅優惠的方法，讓你為退休儲蓄。任何人每年都可以提撥5000美元，超過五十歲的人，每年可以提撥6000美元，提撥金額還跟通貨膨脹連動，提撥金額可以避稅，累積的投資收益免稅（給付時要當成所得課稅）[1]。

　　每一位有資格設立個人退休帳戶的人，都應該設立一個這種帳戶。每一位有足夠財力的人，每年都應該提撥上限金額到個人退休帳戶中，好讓長期複利和租稅緩課這兩種引擎，發揮神奇的力量。

　　要了解為什麼每一個能夠參與這種計劃的人都應該這樣做，

---

1. 依照台灣勞退新制，勞工得在每月工資6％範圍內，另行提撥退休金。另根據所得稅法規定，勞工退休金金額，如低於服務年資乘以16.1萬以下者，不需繳交所得稅。

而且要提撥所能容許的最高金額上限，只要看看下面這張圖就知道了。請睜大眼看看早早開始和複利的魔力！

　　協助你的子孫早早開始，一旦他們開始賺取自己的勞動報酬，你就可以每年在每一個子女或孫子女的個人退休帳戶中，提撥最高5000美元的金額。

　　其中有一個大問題，就是很多401（k）退休金帳戶計劃的年輕投資人，離退休年齡雖然可能還有幾十年，卻把投資組合的一大部分，投入貨幣市場或「價值穩定」的基金。他們這樣做是在儲蓄，不是投資，他們其實必須確保自己能夠得到適當的退休保障。

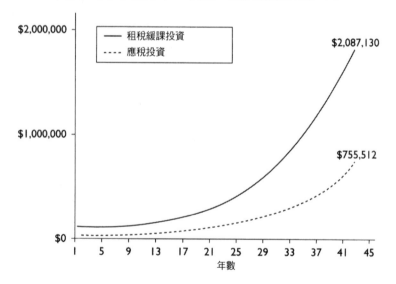

圖22・1
何以租稅緩課的投資成長比應稅投資快
（基準為每年投資5,000美元，投資報酬率為8%）

如果你的雇主提供「生命循環」或「目標日期」基金，也就是提供隨著你接近退休年齡，能改變股票與債券投資比率的基金，那麼你要慎重考慮這種「無憂無慮」的基金，尤其是如果這種基金是你尋求退休保障的主要工具。

　　下面有一些特別的建議：

1. **不要把對公司的忠誠跟投資智慧混為一談**。很多401（k）退休金帳戶計劃投資人，把資金投資在雇主的股票上，因為他們了解自己的公司、也信任公司。別這樣做。你已經把一大部分的生計——你的工作——依賴這家公司，進一步強化這種經濟關係不是分散風險。

2. **不要改換投資經理人**，不改換投資經理人最好的做法是採用指數化。

3. **不要「炒作股票」**。每十年換股一次，幾乎可以說是太頻繁——而且可能要付出高昂的代價。

4. **簽訂從你的所得中自動扣減的機制**——這樣在你看到鈔票前，錢就會扣掉，因此儲蓄幾乎可以說是十分輕鬆——而且你每次加薪後，都要做好提高儲蓄比率的安排。

5. **費用很重要**，而且費用的差別很大。先鋒公司的指數型基金收費比率為0.15％，其他大型基金公司收取同樣的0.15％費用，加上0.35％的行銷費用，再加上其他費用，因此費用總額超過1％——換句話說，完全相同的投資，你要

繳交六倍之多的費用。其他提供投資服務的業者——通常是為較小投資計劃提供服務的保險公司——收取的費用更高！《財星》雜誌提供的下表說明了其中悲慘的事實。

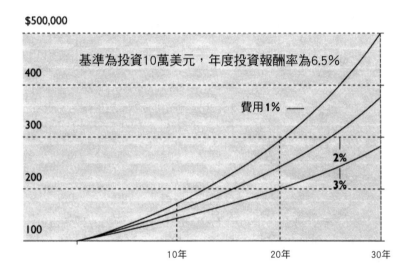

圖22・2
費用嚴重侵蝕投資績效

Chapter 23

要花，才會更富有

唯有現在願意就未來做出決定，才能最大限度地運用複利的力量，實現你精心制定的目標。

　　如果你像很多美國人一樣幸運，賺到或繼承的財富，在保障你過自己所定義的「好生活」之外還有結餘，那麼你就有機會也有責任，決定這些錢不該花在什麼地方、不該用什麼方法花掉。大部分人重視兩種大不相同，卻可能都具有重大意義的受益人：一是人（通常是家人），二是價值觀（通常是像大學、學校、醫院與宗教團體之類的慈善組織）。

　　決定怎麼處理你的資金，以便儘量擴大資金的實際價值，可能和決定如何儲蓄、累積和投資資金一樣重要。提供退休所需要的花費是三個重大挑戰之一，遺贈給你摯愛的人是第二個重大挑戰，第三個可能令人興奮和滿足的重大挑戰是「回饋」社會。

　　由於金錢是極為有效的儲值或轉移價值的方式，投資人在滿足一生需求和需要之餘，如果有剩餘，就有機會影響別人。用資

產行善的人是有福的，因為也有心懷好意，卻用資產造成傷害的人，縱使禍殃不遠，但是造成傷害的人太多了。

財富就是力量——財富有力量行善和為惡，財富越多，表示力量越大。成功的投資人不論希望或意願如何，都應該慎重考慮他們可以移轉給子女的財富總額，是否可能扭曲子孫的價值觀和重大抉擇，或剝奪子孫自行開創人生坦途的樂趣，因而對後代造成真正的傷害。我們都知道，富家子弟景況悲慘的例子太常見了。已故的性感巨星梅蕙絲（Mae West）宣稱「好事多多益善」時，說的是她自己的由衷之言，但是，龐大的遺產對你的子女經常未必是好事。

哈佛大學資深慈善顧問查爾斯・柯里爾（Charles W. Collier）說：「成功的家族會針對本身的財富，做出思慮周祥的抉擇，考慮自己的決定對子女、配偶和孫子女生活的影響。最重要的是，他們會在子女年齡適當的時候，跟子女公開討論，討論跟家族真正財富四大要素有關的所有問題，儘快的賦予比較年輕的家族成員所能應付的最多責任。」

柯里爾解釋說：「根據亞里斯多德和他後代學生湯瑪斯・傑佛遜的話，『追求幸福』跟認識自己的內心旅程有關，也跟服務他人的外在旅程有關。」

就你所愛或覺得必須負責的人，列出若干財富移轉的可能性之前，我們應該記住金錢強大的象徵意義。心理醫師覺得很奇怪，在心理治療的早期，病人就能暢談跟父母親的關係、兒時的

經驗、主要的希望和恐懼，甚至可以暢談非常隱私的事情，例如做夢和性經驗，然而「金錢」這個主題病人卻幾乎從來沒有討論過。金錢經常是眾多象徵中的熱核彈，金錢會以不同的方式，而且經常以相當意外的方式，對不同的人代表很多象徵。

大多數人發現很難坦誠、充分、理性和明智地討論金錢的事情，因此，在計劃怎麼把你的錢留給其他人時，最好特別小心謹慎。不錯，錢現在是你的，你活著的時候也是你的——但是這兩種令人高興的現狀不會永遠持續下去。

規劃健全的遺產計劃時，你會希望得到專家在法律方面的建議，但是下面有一些事情值得考慮，考慮時要承認每一個人有自己的目標和財力，並且希望自行做出決定：

1. 你每年最多可以贈與每一位你希望贈與的人1萬3000美元，不必繳稅。已婚夫婦每年可以彼此互相贈與2萬6000美元[1]。長期而言，大多數投資人可以把這種年度贈與額度，作為一生遺產稅規劃和家庭投資管理計劃中的主要部分，甚至成為最重要的部分（對幼年子女的贈與可以根據未成年人統一移轉法，由父母當監護人）。這種贈與有一個主要好處，就是在你死亡時，可以完全規避遺產稅。

---

1. 根據《中華民國遺產及贈與稅法》規定，配偶相互贈與之財產，及父母於子女婚嫁時所贈與之財物，總額不超過100萬元者免稅。另外贈與稅納稅義務人，每年得自贈與總額中減除免稅額220萬元。

你可能特別重視子女,這種贈與確實可以累積,原因之一是贈與部分未來賺到的投資收益,是用子女的稅率課稅,這種稅率幾乎可以確定會遠比你的稅率低。經過二十年,每年贈與的1萬3000美元配合明智的投資,可能累積到將近50萬美元;父母每年共同贈與2萬6000美元,二十年後,可能變成100萬美元以上。成功的關鍵還是**時間**與**複利**,因此要好好規劃,早早開始,並且始終遵循計劃。

2. 在針對個人的其他免稅贈與方面,你一生有100萬美元的上限。如果你有足夠的資金,要認真的研究遺產稅率表,尤其是研究你可能適用的最高稅率,這樣會強力敦促你利用這種贈與權利。你要考慮複利的累積效果,這樣會鼓勵你在人生的早期,盡早利用這種權利。

3. 雖然伊莉莎白時代的法律反對「永久所有權」,美國國稅局卻容許你在100萬美元的限額內,成立跨越世代的免稅家族基金(你的子女可以決定這種信託的資產怎麼分配給他們的後代)。把資產撥進這種基金前,必須繳交贈與稅或遺產稅,然而,開始時繳了這些稅之後,資產就可以在跨越世代的免稅環境中成長和累積,時間通常可以長達八十年到一百年。請記住,如果投資在繳交所得稅後,每年增加7%,每十年就會增加一倍,經過一百年,100萬美元可能變成10億美元(還沒有經過通貨膨脹調整)。同時,這個家族基金可以像家族銀行一樣運作,可以視需要,分配

額度或貸款給家族成員。

4. 有一個有趣的法規，叫做「合格個人住宅信託」，可以讓你移轉你的住宅所有權給子女，並且你在一段期間內，例如十五年內，不必支付租金，照樣住在你的房子裡。只要你不在信託到期前死亡，你可以節省一大筆遺產稅，同時又可以把所有權移轉給你的子女。

   住宅可以以應稅贈與物品的方式計算，進行移轉，價值只有目前行情的兩成到三成，原因在於美國國稅局認為，贈與物品應稅現值，是子女在十五年信託期結束接收所有權時的價值（這種比現值低落的折價，是複利促成的有力累積或增值的好處）。

5. 如果你希望移轉大筆資金給後代，卻擔心他們在達到「財務成熟」的年齡之前，太早用太多的錢，扭曲他們的價值觀和人生，那麼你可以考慮美國前總統甘迺迪的夫人，後來嫁給希臘船王歐納西斯的賈桂琳的做法（後來由她的子女根據她遺囑中的一條選擇權規定，撤銷這種安排——你可以在自己的遺囑中省略這種安排）。

   以下是大致的做法：你可以設立一個期間二十到三十年的信託，規定這段期間內，每年提撥收益，付給你最喜歡的學校或慈善事業（規定一定的金額或占信託資產的一定比率），信託的本金在二十年到三十年後，付給你所選定的受益人——例如你子女。這種做法沒有遺產稅，只有根據

國稅局規定的利率折價後的信託本金估計淨現值，必須繳納贈與稅，這種淨現值只有本金在二十年到三十年後可能市值的一小部分。

如果你擔心現在把財富移轉給三十歲到三十五歲的受益人，可能造成傷害，卻肯定未來同樣的財富移轉，不會傷害屆時已經六十歲到六十五歲的同一個人的價值觀，這種信託可能是有效移轉財富、稅負又最低的方法。請注意，所有關鍵數字都是根據很久以後的市值的長期估計值，聰明的投資人會希望在幾種不同的情況下，研究出信託的特殊條款和投資政策，並且選定自認為最有信心又最安心的選擇。

6. 要送出100萬美元，用遺贈的方式所需要的資金比贈與多，遺贈的方式需要220萬美元，贈與的方式只需要155萬美元。因為贈與稅是根據贈與物評估價值，跟已經繳納的其他稅捐無關，而遺產稅是根據扣抵各種稅捐前的全部遺產，評估價值[2]。

7. 奇怪而且相當正確的是，遺產稅律師會建議你，在你死亡時，最適於用來做慈善事業的資產，可能是你目前免稅定額提撥的退休基金計劃，例如401（k）退休金帳戶、

---

2. 根據《中華民國遺產及贈與稅法》，遺產在扣掉各項扣除額及免稅額後之課稅遺產淨額，課徵10％稅率。贈與則按贈與人每年贈與總額，減除各項扣除額及免稅額後之課稅贈與淨額，課徵10％稅率。

403（b）退休金計劃、個人退休帳戶或分紅計劃。這種異常狀況令人驚異，卻千真萬確，因為這些資產必須包括在你的遺產中——不但適用遺產稅的課徵，也適用所得稅的課徵，因為給付是在你死亡當天發放給受益人，如果你決定把資金捐贈給慈善機構，這兩種稅都可以避掉。

探討複雜問題時，逆向推理可能是消除憂慮的好方法。投資人可以不把遺產稅當成財產稅，而是當成「過度謹慎」所課的稅——你不願意在活著的時候，特別是在離死亡還很遠、很遠的時候，就替你的財富分配，做出不可撤銷的決定，因而對你課徵的稅。如果你願意並且可以就未來長期的資金安置做出不可撤回的決定，你就可以節省大筆的稅負，而且就像常見的情形一樣，省下一分錢就是賺一分錢。

不過，大部分投資人還不願意做這種分配財富的決定，但是請記住：唯有現在為未來做出決定，才能最大限度地運用複利的力量，實現你精心制定的目標[3]。要創造人生最大的財務成就可以分成五個階段或層次：

■ 賺錢

---

3. 克勞德・羅森柏格（Claude N. Rosenberg）寫了好幾本好書，除教人如何投資賺錢之外，也寫了一本《富而睿智》（*Wealthy and Wise*），是率先探討如何思考你能夠做出什麼奉獻的佳作。他的分析顯示，大部分人可以比自己所知道的慷慨多了。

- 儲蓄
- 投資
- 捐贈
- 遺產規劃

在理想的情況下，你可以享有完整、平衡的生活，同時在每一個階段遵循你的價值觀，在一組可行而且可得的機會限制下，達成最大的成就。

就像在投資的其他領域中一樣，明智的做法是事前規劃，（在各種限制下）保持保守態度，而且善用時間、早早開始，儘量長期維持你的承諾。

教育通常是你最好的投資，不論你是投資自己或子女或孫子女的教育──或是針對非常聰明的孩子，提供原生家庭無法提供的教育。教育會增加賺錢能力──會增加非常多年的賺錢能力──促使受教育的人變得更富有，更能夠享受有趣的生活，擁有更多的選擇自由。另一種「最好的投資」是透過運動、控制重量、禁菸之類的方法，保持良好健康，你的確可以用比較低的總成本，活得更長壽、活得更好。

刻意儘量擴大儲蓄和投資金額的投資人，也會希望把同樣多的注意力，放在儘量降低稅負所造成的資金分散，尤其是遺產稅所造成的資金分散。這樣做有助於儘量提高用在達成期望財務目標，支持你主要價值觀的資金總額。

聰明人思考遺贈子女和孫子女時，會把重點放在決定什麼金額最適當、也最「足夠」。請想一想美國作家馮內果（Kurt Vonnegut）所說下述通往智慧的詩意門徑：

這絕對是真實的故事、光榮的說法。已故的幽默作家約瑟夫‧海勒（Joseph Heller）生前和我，曾經一起參加一位億萬富翁在雪特島（Shelter Island）上舉辦的宴會。

我說：「約瑟夫，知道我們的主人光是昨天賺到的錢，就比你的著名小說《第22條軍規》發行以來所賺的錢還多，你做何感想？」約瑟夫說：「我有他永遠不會有的東西。」我說：「到底是什麼東西？」

「是我所擁有的足夠知識。」他說

美國兩位最有錢的富翁已經決定，只留給子女少少的遺產。巴菲特說，留給子女最適當的金額是「足夠讓他們覺得什麼事情都可以做，卻不多到他們什麼事情都不能做的金額。」巴菲特的朋友比爾‧蓋茲同意這種看法，蓋茲說：「我認為我的財富應該回饋社會，而不是把很高比率的財富傳給子女，原因之一是我認為財富應該不會為他們帶來好處，他們真的必須走出去，努力奉獻社會，我認為這點是充實生活重要的因素。」

父母親考慮遺贈子女時，知道每個子女都是獨一無二的個人，在財富、賺錢或財務需要方面，可能大不相同，這種情形是

父母難以決定「公平」和「平等」之間的分際。

最好的財務計劃可以解決家裡每一位既是個人、又是家人之間天生的緊張或互動力量。資金移轉可能造成家人關係分裂或加強，在租稅方面正確的做法對你家裡的個人可能正確，也可能不正確。

大部分家族都擁有核心價值觀——例如慈善精神或企業精神——這些價值觀需要靠金錢來實現。在下一代的成長歲月中，分享和培養這種價值觀可能是重要的工作，你賦予財富的意義可以充分說明你是什麼樣的人，說明別人對你的看法，也說明別人會怎麼懷念你。這就是為什麼和家人培養共同的價值觀，以及明能影響整個家庭判斷的指導原則如此重要的原因。我的建議是：要花時間，用一頁左右的文字，「介紹」你的遺囑，把你的價值觀和情感，告訴你所愛的人，這或許是你最後一次被傾聽的機會[4]。扣掉希望移轉給摯愛的家人和親友的錢之後，如果你還有多餘的資金，你不應該忽視一種你可以為自己創造、又具有重大報酬的機會，就是透過**行善**，讓美好的事情實現。

「捐錢行善」的說法使整個理念走上錯誤的方向，相反的，你要從發揮想像力和努力思考的角度，把你的錢投資下去——應用你多年來靠著技巧創造、儲蓄的價值——透過你所愛的人和機構，促使美好的事情實現，同時造福大家。你在促成別人的生命

---

4. 這段睿智文字，出自哈佛大學教授柯里爾2006年出版的傑作《家族中的財富》（*Wealth in Families*）。

良性發展的過程中，可以得到絕大的快樂和個人的精神滿足。

　　認為自己獨力創造龐大財富的人只對了一半，創造財富的人的確大都很勤奮、甘冒風險，也的確克服了重大的障礙。然而，他們或許應該好好想一想，要是他們誕生在中非或中國西部或其他地方，他們到底會創造多大的成就。大部分美國人都知道，他們的成就有一大部分可以歸功於美國經濟動力十足、無數的市場機會和美國的教育制度，也可以歸功於可以免稅讓投資價值複利成長，而賣出後才只需繳納資本利得稅的環境。

　　就像英國詩人鄧約翰（John Donne）所說的一樣：「沒有人是一座孤島。每個人都是這塊大陸的一分子，主體的一部分。」擁有少許財富的人可能把重點放在自己的家人身上，放在本地的一些慈善團體上，擁有比較多財富的人可能會因應整個社會，運用自己的機會，發揮創意，把財富用在減少痛苦問題或增加機會上。在馬斯洛（Abraham Maslow）著名的需求層次理論中，超過「自我實現」層次的階段是超越性。只有在我們超越自己，看出跟服務別人需要與希望的更大滿足後，這些需求才能夠實現。

　　捐贈者知道，看到自己創造的財富——看到自己靠著勤奮工作、想像力和好運儲存下來的成果——在自己活著的時候，根據自己認為重要的方式，重新展現新生命，發揮作用，減少個人或社會所受到的限制，又促成美好的事物實現，的確是莫大的快樂。有一句老話說得好，「生不帶來，死不帶去！」凡是設法回饋一些東西的人，毫不例外的，都會以真正滿意的樣子，談起他們

人生中的這一個層次，貢獻越多的人發現自己享受的滿足甚至越大。

選擇行動或改變時，要選擇美夢成真時能夠帶給你深遠的精神滿意或愉快的事情，你要提供資金，促成這些好事實現。就像很多其他人一樣，你把財力用在你真正喜愛的行動和價值觀上，你可能發現十分滿足。以下是你可以考慮，又能協助你發揮影響力的一些機會：

- 設立獎學金，資助期望在藝術、科學或企業上有一番重大作為的傑出才俊。
- 捐贈獎學金，協助生活艱困、需要有人幫忙走上正途的青年學子。
- 提供財務支助，追求科學、醫藥或社會正義方面的進步。
- 支助醫院、收容所和協助處境艱困人士的其他機構。
- 供應資金給可以豐富人類生活的音樂、舞蹈、戲劇、繪畫、雕刻之類的藝術。
- 擔任「行動領袖」，奉獻時間和金錢，促使美好的事情實現，協助你的社區變成更適於居住的地方。

你最大的滿足可能來自服務一家大型的全國性機構、全球性組織，或服務自己社區中的一家小小實體。有經驗又活躍的善心人士一致同意捐錢很重要，同時投入大量時間、技術和精力，會

得到更大的享受和滿足。不要把你整個人生經驗中這個重要的部分，「儲藏」在閣樓上或銀行裡——讓別人在你離開後，享受這樣做的樂趣。

我個人獲得的「啟示」之一，是1974年在紐約洛克菲勒中心裡的查理歐餐廳享用蛤蜊時得到的，餐廳牆上掛滿電影明星巨大的黑白照片，每張照片底下都有一行這位明星的名言。我這張桌子旁邊的牆壁上，高掛的明顯是出身澳洲塔斯馬尼亞、一度以十分放蕩聞名的浪子艾洛‧弗林（Errol Flynn），他說的名言是：「凡是死後留下一萬美元以上的人都錯了。」當然弗林說這句話時想必另有所指，但我決定照字面上的意思去做，方法是在有生之年多施予，而且要避免繳交過多遺產稅這個錯誤。我寧可犯有所作為之過（捐贈給一些似乎不值得捐贈的目標），也不願意犯疏忽之過（捐贈太少或太晚）。這樣做一直很有意義，也充滿樂趣，而且得到很多報償。

你奉獻時間、才能和金錢，可以得到兩種十分有意義的報償，對你自己來說，看到活生生的人和組織受益，是個人莫大的滿足；而且和善於鼓舞別人、又有意思的人在一起，一同參與有用的活動，結交珍貴的新朋友，也會帶來令人滿足的個人經驗。好事的確會吸引好人，而重要的好事會吸引最好的人。

Chapter 24

給富人的提醒

如果你已經贏得「金錢遊戲」，問問自己：專心進攻，以便贏得更多勝利比較重要，還是專心防守，以便減少虧損比較好？

　　如果你極為幸運，擁有超過2000萬美元的財產，你知道自己自己的打拼獲得回報，恭喜你！美國只有七萬人有這麼好的表現，不過我希望你也承認你會碰到新問題。如果共同基金讓你不安心，或是不能讓你完全滿意——當然你也可能很滿意——你要怎麼尋找適合你的投資顧問和投資經理人呢？你應該把多少財產傳給子女和孫子女——怎麼傳法、什麼時候傳呢？你應該把多少財產投入慈善事業——怎麼投入、什麼時候投入呢？

　　如果你的財產多多了——超過1億美元——你應該考慮成立投資委員會，或是聘請專屬個人的專家，為你提供全面的投資建議。如果年復一年付資產的2%給投資顧問似乎很貴——我就有這種感覺——另一個方法是每隔十年，以論時計酬的方式，聘請投資顧問，針對你所有的財務與投資計劃，進行徹底的評估，確保

這些計劃符合你的要求（小祕訣：有些知識豐富、見識廣博的投資專家在大型基金會、校產基金或大企業的退休基金中服務，他們可能樂於以相當高的按日計酬條件，在週末跟你會面，幫助你處理財務）。如果你的「私人專家」協助你避免犯一次錯誤，或是協助你推動一次精明的行動，你就占到大便宜了。

另一個做法也很精明，就是聘請一位最高明的信託與遺產稅律師（小祕訣：年輕律師可能最好，因為他們正在建立自己的事業，今後還要執業很多年，因此你和你的財產會得到同一位值得信任的律師持續不斷的服務）。最後，要聘請大型會計事務所中最高明的年輕合夥人，擔任你的顧問和監督，你們要合聘你個人喜歡的優秀記帳人員，保存所有紀錄、月報、監督投資，以便「監視監看者」。

如果你已經贏得「金錢遊戲」，問問自己：專心進攻，以便贏得更多勝利比較重要，還是專心防守，以便減少虧損比較好？

如果你擁有巨額財富，身邊一定圍著一大堆討人喜歡、能言善道、善於贏得富人信任、業界稱之為「資產收集者」的人。他們極具魅力的天賦或許會讓你傾心，但是請務必小心謹慎，特別注意他們希望你把財產交付給他們的誠意有多大。

「另類投資」一直很出風頭，原因之一是有些投資人得到天文數字的報酬，變成媒體絕佳的報導題材，原因之二是有些人創造了極高的投資成果，原因之三是極多投資人希望能夠找到高報酬率、卻沒有多少風險的投資方法。

另類投資吸引這麼多人的注意，還有另一個原因，就是另類投資為耶魯和哈佛兩所最大、最早、技巧最高明的投資人創造優異的成果（這是事實，因為我在耶魯投資委員會任職十六年）。兩所大學創造的成果十分驚人，同樣重要的是，兩所大學是有系統地刻意利用紀律嚴明的程序，創造這種成就，但是這種成就很難複製。

朋友跟我複誦電影《當哈利碰到莎莉》中的台詞——「她吃什麼，我就吃什麼。」——我會回想起成長時的經驗。家母帶我們去看馬戲團，年輕、大膽的空中飛人讓我印象深刻，我決心自己在家裡試一試，結果我的膝蓋脫皮、手肘脫皮、下巴也脫皮——而且學到了模仿專家並不容易的教訓（華爾街有一個老問題：「賺小錢最快的方法是什麼？」答案是：「從大筆財富著手，設法模仿專家。」）因此，下面要針對一些最近流行卻不尋常的投資工具，提出一些友善的警告。

避險基金

避險基金突然冒出頭，原因之一是避險基金在千禧年的網路股崩盤中表現優異，但主因是避險基金提供經理人極為有力的致富方法。2%的管理費很容易涵蓋所有的成本，加上經理人可以從所有的獲利中，得到20%。聽說很多精明的朋友一年內就賺到1000萬美元（甚至聽說至少有一位避險基金經理人一年就賺到10

億美元以上），如果你很有才氣、年輕、競爭力十足，急於賺到自己的財富，又在一家小公司裡，跟另外幾位聰明人，設法把事情做好，你很難忽視這些故事。這種做法很有趣、很好玩，事情做好時，你會賺到大錢，有誰不會對這種事情深感興趣呢？

避險基金採用的策略多得不可勝數，所有避險基金的經營者都是——或者看來一定都是——十分聰明、積極上進、極為自信、穿著得體、出身名校、工作經歷出眾的人。然而，避險基金基本上分為兩種，彼此大不相同，一種是由極為聰明的投資專家管理——他們通常在大型自營商（經常是在高盛公司）的套利部門受過訓練——要面對各種挑戰、考驗自己的技巧，希望獲得自己經營小公司的個人知性自由，極為善於看出和掌握投資機會（也可能得到非常高的報酬）。另一種經理人跟第一種經理人完全相同，但是他們把重點放在自己賺大錢、賺到「2+20」（2％的年度管理費+20％的利潤分紅）這種最驚人的報酬制度上。

要看出避險基金屬於哪一種很容易：所有績效真正耀眼的避險基金都不接受新投資人。組合基金在對抗嚴重虧損方面，可能是有用的「保單」，但是這種保險的成本非常高。

對投資避險基金的投資人而言，避險基金的挑戰表現在數字上。如果股票的投資報酬率為7％，避險基金扣除所有費用後，必須創造11.25％的報酬率，才能損益平衡。這樣優異的經理人就必須創造高達4.25％的「額外報酬率」，也就是要創造非常大的優勢。有些避險基金會創造這麼高的報酬率，有些避險基金會創造

更高的報酬率，但是真正的問題不在這裡，真正的問題是**你投資的避險基金是否能夠年復一年，一直創造這麼優異的表現**——尤其是在越來越多錢湧進避險基金，以至於所有避險基金都必須互相競爭、追求額外報酬率時，更是如此。

創投基金

　　創投基金相當吸引大家的注意，長期而言，流入創投基金的投資資本極為驚人的激增。毫無疑問的是，創投基金發現蘋果、Google、eBay 或臉書之類極為成功的企業，為你的投資賺到超過一百倍報酬的傳奇故事的確是真的。但是考慮投資創投基金之前，請正視下列事實：過去三十年來，最優異四分之一創投基金的中位數報酬率為28％，所有創投基金的中位數報酬率實際上不到5％（換句話說，比國庫公債的報酬率還差）。十家最成功創投基金公司的獲利總額，超過整個避險基金業所創造的額外報酬總額，也就是高於整個業界所創造勝過標準普爾500指數報酬率的利潤。換句話說，跟大盤相比，所有其他創投基金都虧損、喪失流動性、承受比較高的風險。主要的創投基金公司繼續領先同業——原因很有力——他們繼續創造最成功績效的可能性很高。

　　成功的祕訣就是沒有祕訣。關鍵不在於資金，投資所需要的資金是必要的東西，但是基本上還不夠。最優秀的創投基金經理人不止是精明支持絕佳新產品的人而已，他們當然善於這樣做，

但是他們擁有兩大優勢：他們知道怎麼選擇創業家，也知道怎麼協助別人建立成功的企業。他們的確不是被動的投資人，而是積極有力、又有創意的投資專家。機智的新秀創業家從已經成功的企業家那裡了解到，出色的創投專家在幫助新公司創立成功方面極為重要。

最出色的創投專家總是跟所屬行業中的大中小型企業，保持密切接觸，確保奮發上進、可能創立新公司的頂尖新星，知道「援軍」的重要——知道創投投資者投資他們的新秀企業，創造很多重要的差異。他們專精科技業中的特殊層面，認識所有最有效能的工程師、業務人員、生產經理和財務人員，也知道為什麼這些人這麼有效能。他們知道不同的人可以結合在一起，成為成功的團隊。他們利用這種知識技能，協助他們投資的公司變得更精明、更強壯——使他們的成功機會大增。而且，他們知道，能幹的創業家能夠根據客觀的實際情況，不斷地改變他們的產品和目標市場。他們不會迷戀特定產品或市場——不管這些東西多麼令人興奮——因為他們知道成功的關鍵，總是在於迫切需要創造成就的創業家身上。

難怪贏家總是不斷地獲得勝利，但是其中只有一個問題：你無法利用這些創新遠見，因為最好的創投基金公司像最好的避險基金一樣，都不接受新投資人。事實上，向他們預訂投資額度的金額已經超額，他們甚至無法接受長期投資客戶希望交給他們的所有資金。此外，他們過去輔導成功的創業家當中，有些人現在

擁有大筆資金,希望投資他們,而且創投經理人從過去成功的投資當中,賺到龐大財富,希望把自己更多的財富,投資他們所經營的公司。簡單地說,就是你無法投入你希望投資的創投基金。至於其他的創投基金則是讓所有明智投資人想起美國喜劇演員葛魯喬‧馬克思(Groucho Marx)的一句諷刺話語:「我不想加入任何樂意接受我為會員的俱樂部。」

不動產

不動產有很多吸引力,美國最富有的個人和家族中,有一大部分是在不動產上賺到大錢。租稅優惠是主要的因素;精明的利用融資和能夠取得大量信用,是另一個重要因素;擁有絕佳的技巧、善於從事針鋒相對的談判也很重要;耐心和決定性行動都是必要條件。此外,想要成功得仰賴自己擁有極為豐富又廣博的知識,如知道每一個當地市場和自己選定的市場中所有相關細節,知道每一棟不動產、租賃戶和租賃合約的所有相關細節;知道如何改造物件,以提高未來租金的能力;知道如何吸引好房客的特殊能力。全心全力投入事業,則是絕對必要的條件。

很少人願意、也能夠符合所有這些要求,以兼差方式從事這一行的人,幾乎沒有成功的希望。全心全力投入不動產投資的人要是夠幸運,投資成果都非常優異,原因就在這裡。

如果你希望投資不動產,卻不願意投入過多的時間,你可

以投資股票，或是投資在主要交易所中掛牌的不動產投資信託（REIT）。不動產投資信託的交易價格反映不動產和整體股市，長期報酬率類似大盤的整體報酬率。

最好的私募基金像其他特殊的另類投資一樣，也不接受新投資人。對個別投資人而言，這點不是問題，因為整體而言，私募基金的平均報酬率在扣除他們所利用的巨量融資後，績效不如大盤指數。換句話說，如果投資人利用少量融資，購買公開上市股票，結果應該會比較好，還會擁有更佳的流動性。

期貨

期貨在經濟上是屬於惰性的東西，不能培養價值。期貨價格變化背後的原因是需求與供應的變化。買賣期貨的人不是在從事投資，而是本著他們比市場知道的更多，或是比市場更高明的心理，從事投機。他們的賭注和交易可能做對，但是每次有一個人做對，表示一定有一個同樣程度的錯誤。所有交易加總起來，會成為負值——因為這種零和遊戲還要扣掉交易成本。

黃金近年備受注意，投資圈創造出黃金指數股票型基金後，更是如此。金價已經上漲好幾年，黃金多頭預測金價還會再漲。投資人應該希望記得：經過通貨膨脹調整後，黃金在1980年初的價錢，曾經飆到每盎司2250美元以上。

Chapter25

投資很簡單，但絕不容易

現在，你可以開始了！

　　在成功的投資管理方面，擔負最重要責任的人是你自己，而不是你的投資經理人。你的核心責任是決定自己的長期投資目標，訂定合理、務實、能夠達成投資目標的一套投資策略。

　　你應該研究自己的整體投資狀況、對風險的承受能力，以及投資市場的歷史，因為市場偶爾出現的悲慘現實狀況，和你的財務與情感需要之間可能出現不協調，往往會造成重大的傷害，例如2008年的情形一樣。

　　投資人研究投資現實狀況的話，可以保護自己和自己的投資，避免極為常見卻不切實際的信念，也就是**避免相信自己可以找到持續打敗大盤的基金經理人**。消息靈通的投資人明白，積極管理型投資經理人要打敗大盤，唯一的方法是比對手更常找到和利用其他投資人的錯誤，而且知道致力打敗大盤的經理人非常可能過度努力，反而遭到大盤打敗。堅持獨力努力或跟專業經理人

合作，設法打敗大盤的大部分經理人和客戶，都會對結果感到失望，因為這種遊戲是輸家遊戲。

還好有一個簡單而輕鬆的方法可以贏得輸家遊戲，就是不遵循傳統規則，原因在於傳統規則已經因為統計和競爭出現極多重大變化，因而嚴重過時。我在「如果你發現問題，就要找到解決方法」的傳統中成長，對於尋找長久以前就存在的「輸家遊戲」問題的解決方法，深感興趣[1]。解決方法像常見的情況一樣，是「跳出窠臼思考」、重新定義問題，因此，重點會從輸家遊戲（更加努力打敗大盤，卻徒勞無功）變成忽略市場先生、專注自己的長期目標、資產組合和投資策略之類大方向的贏家遊戲——而且堅持到底。

投資散戶很重要，原因有三：第一，美國有極多散戶——接近五千萬人，其他國家幾乎也有一樣多的散戶。第二，大部分散戶其實都靠著自己的努力，設計長期投資策略，因為能夠按照大部分散戶願意支付的費用、提供投資建議的投資顧問很少。第三，大部分「如何投資」的書籍會暢銷，都是根據散戶可以打敗專業投資人的錯誤假設，可是散戶不能、也不會打敗專家。

幸好散戶不必打敗大盤，投資要成功，用不著靠打敗大盤。設法打敗大盤、設法創造優於其他投資人的績效，會讓你分心，讓你忘掉相當簡單卻很有趣、又十分有效的責任，就是忘了最能

---

1. 發表於1975年的〈財務分析學報〉（*Financial Analysts Journal*），這篇文章贏得業界的葛拉漢與杜德獎。

夠提高你期望成果的長期投資計劃。

如果你像我一樣，覺得本書裡的一些建議相當簡單，請記住巴菲特精彩的摘要說明：**投資很簡單，但絕不容易**[2]。

構思能夠持續遵循的健全長期投資策略，是通往成功投資的坦途。其中所需要的行動並不複雜，真正的挑戰在於遵守長期投資的紀律，避免令人興奮，卻也令人分心、圍繞在真正投資運作週遭的多餘事物。遵循長期投資紀律的承諾是你的主要責任，也是你對自己的長期投資成功奉獻心力最好的機會。

設法打敗大盤有兩個不同的問題，問題之一是打敗大盤極為困難——設法表現更好時非常容易變成表現更差。另一個問題是，這樣會讓你分心，分散你建立長期目標和投資策略的注意。

要贏得打敗大盤的輸家遊戲很容易：就是**不玩**這種遊戲。把你的精神放在贏家遊戲上，也就是放在界定和竭力遵守配合市場現實、也配合你的長期目標的健全投資策略上。

不同投資人的需要和目的不同，投資組合也不應該相同。你已經回答過下列重要問題：包括你的現況和個人狀況？你擁有什麼資產、所得、債務和責任？你對市場風險有什麼感受，是否能夠信任自己是理性的長期投資人？這些問題的答案使我們每一個

---

2. 我有兩位最好的朋友，處在醫學與醫學研究傑出事業生涯的巔峰，他們認為，醫學史上兩項最重要的發現是盤尼西林與洗手（20世紀前，大部分的接生都由產婆負責，洗手阻止了她們把傳染病從一位媽媽身上、傳到另一位媽媽身上的狀況）。此外，我這兩位朋友建議，要活得更長壽、更健康，最好的建議是戒菸和駕駛時繫上安全帶。其中的教訓是：好的建議不見得都很複雜。

人都變成獨一無二的投資人。

要盡到你自己的個人責任，你需要下列三種特性：

1. 對發展和了解你的真正興趣與目標深感興趣。
2. 基本上了解資本市場與投資的基本性質，包括了解市場先生的花招詭計，也了解強大投資機構主宰市場的事實。
3. 紀律嚴明，能夠擬定和堅持長期能夠達成自己務實投資目標的基本政策，這點也是本書的全部重點所在。

本書雖然強力批評當前的投資做法，卻絕對沒有譴責投資經理人。問題不在於專業經理人技巧不足或不夠勤奮，情形正好相反，設法打敗大盤的問題在於專業投資人極為高明、極為眾多、極為熱心工作，以至於以整體而言，任何專業投資人很難——業餘投資人更是幾乎不可能——創造明顯優於別人的績效，長期尤其如此。

本書主旨明確：投資管理的真正目的不是打敗大盤，而是為每一位樂意接受投資重責大任，希望達成自己真正務實目標的特定投資人，做好該做的事。表面上，投資人似乎應該很關心經理人為他們管理資金的方式，實際上，投資人對其不聞不問——直到為時已晚。本書是為準備主導自己投資命運的投資人而寫，專業投資顧問應該鼓勵客戶，利用本書作為指引，扮演消息靈通、積極主動的重要角色，進而變成十分成功的投資者。

當你透徹理解本書坦誠與簡單的建議後，你就知道了取得真正的投資成功所需要的所有知識。我想你已經準備好，享受帶來勝利和成功的投資。

　　你可以開始了！

Chapter 26

最後忠告

投資將來、一直都會是危險的遊戲。

物理學家理查‧費曼（Richard Feynman）說過，懷疑是追求創意必要的第一步，因此我學到要仔細檢查自己的答案，在證據似乎最有力時更是如此。我還學到要問：「我可能錯了嗎？」在本書的主要論證方面，我相信下列基本結構性現實不會改變：

- 聰明、勤奮投資專家數目減少的程度，不足以把投資變成1950和1960年代時的那種贏家遊戲。

- 投資機構──以及領導投資機構的高明投資專家──控制的交易比率不會下降，因此，即使對最聰明的業餘人士來說，投資將來、一直都會是危險的遊戲。

- 或許有一天，會有極多的投資人認為應該採用指數化投資，因此「最後一批選股專家」會完全掌握整個遊戲。可能會這樣，但是這種事情不太可能發生，因此，到了那一

天，一定要打電話給我。同時，在這段期間裡，我有更好的事情要做——你也一樣，我們可以利用自己的時間和資金，大玩贏家遊戲。

附錄A
揭開投資委員會的面紗

　　機構投資跟個人投資大不相同，借用海明威反駁費茲傑羅的經典名言來說，其中的原因不止是「不錯，他們比較有錢」而已。我們當中很多人有機會在校產基金、退休基金或其他投資機構的投資委員會中任職，所有擔任相關職位的人都希望能夠提供協助。本章將為讀者介紹一般投資委員會的任務與運作，以及投資經理人和委員是如何選出的。

　　大部分機構成立的基金都具有永久性或接近永久性的性質，都由委員會管理，委員會授權外部經理人負責投資。**投資委員會的主要責任不是投資管理，而是良善的治理。**

　　對大部分投資委員會而言，主要的任務和責任是決定適當的長期投資政策，為機構本身投資與財務管理的輔助紀律，帶來最大的和諧。其次是確保投資機構跟投資經理人之間，能夠培養有效的工作關係（前文說過，越來越多投資機構把越來越多的資金，投資在指數型基金中，使雙方的「夥伴關係」變得更自在）。

這種重要任務的金額動輒高達數十億美元，投資的運作必須由全職經理人負責，而且要由委員會監督。但是對於大部分管理資產低於10億美元的基金來說，選擇經理人的決策是投資委員會的責任，因此委員一定希望確定自己知道怎麼做出良好的選擇。

就像在任何良好的事業關係中一樣，對客戶和投資經理人雙方來說，每一方的責任和承諾都應該務實而明確。投資經理人的使命尤其應該明確地寫成書面文字，經過雙方同意，而且每年重新確定（或修正）一次。這種使命顯然應該在經理人能力所能掌控的範圍內，而且和市場相比應該是合乎現實的使命，而且應該滿足委員會知道實際情況後的期望。客戶應該跟投資經理人開會，進行坦誠的討論，到雙方針對任務聲明，達成一致意見為止。

這種關係通常以定期會議為中心，會議的目的是要共同達成投資經理人和投資委員會希望達成的成就。每次會議應該由客戶設計和控制，而不是像常見的情形那樣，由投資經理人設計與控制。錢是投資機構客戶的錢，校產基金的目標是為學校的使命服務。每次開會前，委員會應該制定議程，投資經理人應該提供會議所需要的所有相關文件，也應該撥出足夠的時間，以便為投資經理人和委員會成員慎重的準備。這裡刻意強調相關文件，因為不必花多少腦力，就可以用夠多的枝微末節灌爆會議，造成核心問題混淆不清。

長期投資政策應該跟投資操作清楚地劃分開來，因為兩件事情是大不相同的責任。大家卻經常把制定投資政策的責任，授權

給基金經理人和負責投資組合操作的經理人。把投資政策和投資組合的操作混為一談——等於把問題的定義和解決問題的方法混為一談，把兩種責任都授權出去是自找麻煩。只有把投資組合的操作和政策的擬定區分開來，才能為投資管理中這兩種既不相同、又相輔相成的層面，建立權責分明的制度。

投資政策和投資操作當然不應該彼此互相隔離、不相聞問，操作績效應該經過客觀地評估，確保投資操作配合投資政策，投資政策應該以長期報酬率為衡量標準，進行客觀地評估，以便確保投資政策合乎實際狀況。

現代投資組合理論提出一些專業說法後，要描述投資目標和投資政策變得相當容易。「夏普比率」（衡量高於風險水準的額外報酬率指標）和「基準指數報酬率」，讓客戶可以監督投資組合操作和雙方同意的政策符合程度多高。這種資訊讓每一位投資組合經理人可以達成良好的績效——不是藉著英雄式般的「打敗大盤」，而是忠誠而理智的執行務實的投資政策，達成明確規定的目標。

投資委員會和投資經理人應該就下列每一個重要的政策層面，達成明確的協議：

1. 投資組合所承受的市場風險水準。
2. 這種風險水準是否會持續不變，或是隨著市場的變化而改變。

3. 個股風險或類股風險是否應該承受，或是應該避免，承受
　　這種風險後，投資組合是否有希望創造額外的報酬率。

　　如果投資經理人獲得越來越多的自由裁量權，可以更為背離意在模擬市場的基金，而且承受更多的各種不同風險——包括市場風險、類股風險和個股風險——如此一來斷定任何特定期間的投資組合報酬率中，有多少是技巧帶來的成果、有多少是機會帶來的成果，將會變得越來越困難。

　　要衡量和評估投資經理人的操作績效，應該拿投資經理人的績效，直接跟明確的投資政策比較——而且只能跟明確的政策比較。例如，評估成長股和小型股的操作績效時，如果拿整體大盤指數的成果作為比較基準，就會變得不公平，也會造成誤導。特定投資風格正好在整體大盤中流行或不流行時，「成長股」專家或「小型股」專家會備受讚譽或遭到恥笑，這種現象同樣不公平。

委員會開會重點：確認經理人使命

　　投資委員會每次跟投資經理人開會時，一開始都應該簡短評估雙方同意的投資經理人使命，看看投資目標或政策是否需要修正。如果客戶和投資經理人的使命都沒有什麼改變，雙方應該明確地重申雙方的責任聲明。

　　如果客戶或經理人希望提出改變的建議，建議和支持改變的

原因應該事先準備好，當成為會議所準備的文件之一，以便所有參加開會的人可以在會議之前，研究和考慮倡議中的改變。這點是會議中最重要的一環，不應該事出突然。

討論特定投資組合的操作，也就是討論特定證券的買賣，只能作為「特例」出現，而且討論時間應該簡短。會議的這個部分不需要「有趣」。客戶不應該接受經理人對作戰成果多彩多姿地描述，也不應該接受經理人對特定股票所做的簡短評論。這兩種做法都很有趣，卻沒有啟發性，只有娛樂性而已。會議的這個部分反而應該用來當成確認時間，直截了當的確認經理人理性、忠誠，遵守雙方事前同意的政策。表明：「我們向著目標前進，一切都很順利。」理想的情況是，**會議應該只花五分鐘的時間，進行操作的檢討，和重新確認投資經理人的使命**。如果花的時間比五分鐘還長，就表示「休士頓，我們出問題了。」一定有什麼地方出了差錯，不是使命不明確，就是成果背離使命。

這時會議剩下的時間通常大約是一小時左右，最好用來周到、詳細地探討對客戶和經理人都很重要的一、兩個問題，以便加強雙方對經理人投資過程的了解。討論題目可以包括影響投資組合策略的重大經濟發展，或是支持投資組合重大承諾的研究報告，或是特定產業投資吸引力的變化等等。這種主題式的討論有一個重要的目標，就是讓委員會深入了解投資經理人的思考過程。

如果投資組合的操作不符合雙方同意的政策，也不符合投資經理人同意的使命，和投資經理人忠實遵循政策應該可以獲得的

成果相比，目前投資組合的成果是否高於或低於忠實遵循政策所得到的成果，其實不是重要大事。在這兩種情形中，真正重要的資訊是投資組合和投資經理人喪失協調一致的精神，形成互相矛盾的現象，而且很可能出現失控的現象。這種失控現象早晚都會表現在虧損上，而且經常表現在無法挽回的虧損上。

績效評量的主要原因是要改善客戶與經理人之間的溝通，評估績效的目的不是要提供答案，而是投資人與經理人應該共同探討，一起好好了解有什麼因素有助於提高投資績效，有什麼因素會降低投資績效。委員會委員要像小孩子最喜歡問話的方式一樣，問：「為什麼？為什麼？為什麼？」

投資委員會委員可能發現，只有一、兩種決定──可能是技巧十分高明的決定，可能是幸運的決定，也可能是兩種因素合力促成的決定──可能促使申報的投資組合績效截然不同。績效評比的最後一個領域顯然跟品質有關。經理人對自己所做決定的解釋是否很有道理？經理人的行為是否符合他在上一次會議中的說法？你身為思慮周詳、涉及其中利益關係的客戶，你對經理人的能力、知識和判斷的信心，到底是隨著你們之間的討論增加而提高還是降低？委員應該切實重視這些「軟性的」品質因素，因為真正問題第一次出現的最佳指標，往往都是在這種地方出現，都是在實際變化資料證明問題出現之前很早就出現。

投資機構每年至少應該針對機構的整體財務狀況，進行一次坦白地評估，也就是評估投資組合在整體財務狀況中的地位。同

樣的，投資經理人每年至少應該在一次會議中，撥出一部分時間，討論他所屬公司的專業與事業發展，特別強調他所屬公司的長期政策與承諾。

會議不應該用來針對投資世界，進行短暫而毫無意義的評估，大家卻幾乎總是這樣做，討論的題目可能包括針對經濟展望和利率最近變化的膚淺評論，對股票投資組合中若干類股所占權重微小變化的評估，針對債券投資組合中信用評等微幅變化的迅速檢討，然後以針對一些特定決定發表「有趣」的看法，作為結束。與會人士沒有確實深入探討任何重大決定，就可能用完時間，然而，會議時間原本可以用來慎重探討對投資組合和成功的長期關係，長期可能產生重大影響的課題。

每次會議之後，應該準備和分發涵蓋重點、事實與評論、內容三到五頁的書面摘要紀錄，以便未來可以利用和參考。由客戶和投資經理人輪流製作會議摘要紀錄，應該是不錯的建議。

沒有專業員工的投資委員會要做三種層次的操作決定，第一種層次是應該換經理人嗎？正常的答案是不換。如果把任何經理人歸為「有待檢討」的行列，應該嚴格的分析贊成和反對採取行動的原因，特別注意不採取行動的原因。經驗顯示，**最好的決定經常是違反直覺的決定**：就是增撥更多的資金，交給最近績效不如大盤的經理人。原因在於經過精心挑選的經理人績效會不如大盤，很可能只是他的投資風格暫時不受市場歡迎，市場狀況對他的投資風格更友善時，他的績效很可能會超越大盤。委員會經常

換掉他們應該留住的經理人，改換剛剛結束最佳操作期間的經理人，這種改變的交易成本很高，尤其是在遭到撤換的經理人後來繼續創造優異的表現，新任經理人卻已經攀抵高峰，在選任之後的績效會不如大盤（沒有精明的員工會提高這種情況出現的可能性）。

第二是資產組合的長期政策應該改變嗎？如果不該改變，暫時性的重大背離是否適當？如果不適當，這次會議的正式部分就結束了。

在這種模式中，做出決定反而是例外狀況。採取行動的決定很少，做出決定的間隔時間也很長，因為既然長期投資政策和每位經理人的特定使命已經定出方向，那應該不需要改變什麼事情。

第三是理想的會議應該開多久？實際上，大約五分鐘左右——因為不需要採取行動，所以會議中也不會採取行動。就像連續製程工廠中每一位經驗豐富經理人所了解的一樣，連續製程運作順利的指標——這也是投資經理人應該努力追求的目標——是不會發生什麼有趣的事情，因為任何有趣的事情都是問題。運作順利的連續製程工廠不會有問題，也不需要修正。

如何選擇經理人？

在投資委員會中可以針對潛在的投資經理人，提出下列問題，以便完全了解潛在的投資經理人：

- 過去十年裡，投資管理觀念和程序有過什麼改變？原因何在？
- 未來十年裡可能會有什麼改變？
- 過去十年裡，為了提高自己的能力和能量，換過幾家專業投資機構？
- 過去如何改變自己的企業策略？未來可能會怎麼改變？原因何在？
- 有什麼培養領導人才和交棒的計劃？
- 資深員工待遇多少？待遇多少如何決定？
- 為二十五家最大客戶的每一家，創造過什麼樣的投資成果——怎麼解釋投資成果的差異？

　　委員要記下投資經理人對所提問題提出的答案，以便將來用來比較在其他時間問相同或類似問題所得到的答案（蘇格蘭投資信託經理人和日本人已經利用這種簡單的技巧很多年、甚至可能利用了幾百年，因為這種做法非常有效）。

　　你決定解雇投資經理人時，請幫自己一個忙，承認這項挫折可能不是經理人的責任，可能是你自己的責任。因此，在你花時間和精神，學習怎麼跟經理人合作方面能夠做得更好之前，不要尋找新的經理人。

　　大型基金聘請好幾位經理人的觀念很常見，這樣做有下列好幾個原因：

- 可以選擇善於從事客戶所希望不同投資類別的專家經理人。
- 客戶可以分散風險、保護自己，對抗任何經理人投資觀念和整體市場脫節的風險（這種情況偶爾一定會發生）。
- 經理人只管理所成立基金的一部分，當表現不好時，要換掉這種經理人比較容易。
- 或許最重要的是，收取費用、負責尋找經理人的投資顧問，非常希望看到客戶聘請很多位經理人，而且「越多越快樂」，因為客戶聘請十五位到三十位經理人時，總是會有一位經理人「留校察看」。投資顧問公司會樂於聽令行事，同意進行另一次研究，然後收取費用，讓整個遊戲繼續玩下去。

　　每額外增加一位經理人，分散投資的程度的確會提高，但是把不同的基金集合起來，變成一檔基金，進行分析時，就可以清楚看出，**每額外增加一檔基金，額外增加的分散投資程度卻越來越少，操作成本和管理費卻變得越來越高**，同時，整個投資組合的投資特性越來越接近某些高成本的指數型基金。

　　如果客戶準備付出隨著聘請多位經理人而來的較高費用，客戶的目標一定是希望找到專家經理人，靠著這位專家，看出和利用其他經理人偶爾犯了訂價錯誤時所製造的機會，藉此提高基金的報酬率。實際上，這種重大機會難得一見，因此聘請多位經理人的基金幾乎一定會為過度的分散投資，付出過高的費用。

因為投資人隨時可以用低廉的成本購買指數型基金，因此無法證明聘請很多位積極型經理人，是分散投資和降低風險的好方法。**要分散投資和降低風險，可以利用輕鬆、便宜、涵蓋整個大盤的簡單指數型基金。**

　　對於雙方來說，如果基金的資產規模相當小，那麼撤換經理人可能比較容易，對基金和管理公司造成的傷害會比較小的說法，當然很正確，卻可能有其他的害處，委員會在選擇或監督時，知道自己隨時可以撤換經理人，可能會變得比較不小心。

　　規模低於50億美元的校產基金應該特別注意，要考慮拒絕採用把資產發交多位積極型經理人、從事專業操作的策略。投資業者已經成立不少新公司，匯聚最大型校產基金中所能找到的所有技術，供規模比較小的校產基金利用。主要的指數型基金管理公司和若干主要的積極管理型基金公司，也提供種類繁多的投資能量，並提供以客戶為中心的投資組合顧問服務業務，針對每一位客戶的目標，量身訂做投資組合，讓每一個投資組合都能適應市況的變化。

　　運作最好的投資委員會，會把重點放在利用聰明的政策、適當的長期目標和慎重地選擇操作經理人，創造可以永續維持的長期良好投資成果。在比較大型的退休基金或校產基金中，把重點放在良好治理的委員會，會把所有心力放在下述責任上：

■ 批准投資組合結構和投資政策。

- 監督投資經理人的選擇過程，也監督培養雙方長期合作關係的方法。
- 確保在自己轄下的投資辦公室中，培養豐沛的投資能量與技巧。
- 承擔評估委員會的責任，針對薪資、用人、員工培養政策與做法，進行評估檢討。
- 確保校產基金或退休基金，完美配合所屬機構的整體財務管理，或完美配合退休金計劃所承擔的義務。
- 對整個委員會提出適度花費原則的建議。

運作最好的投資委員會會把重點，放在利用聰明的政策、適當的長期目標和慎重的選擇操作經理人，創造可以永續維持的長期良好投資成果。不管校產基金採用什麼樣的花費原則，都應該遵從兩個基本原則：花費原則訂定的支出水準在主要的多頭和空頭市場期間，應該都能長久維持下去，報酬率與支出之間的差距——也就是再投資在校產基金的金額，應該足以完全吸收通貨膨脹的侵蝕力量。

退休基金或校產基金支出原則經過精算後的投資報酬率假設，應該由投資成果決定，而不是反其道而行。受託人絕對不應該讓支出的期望或「需要」，影響投資目標或投資管理，更不應該讓這種希望或需要，決定投資目標或投資管理。確保這種財務紀律能夠維持，顯然是投資委員會的責任。

運作最好的投資委員會藉著明確劃分管理和治理兩種工作，顯示委員會了解良好的治理可以提供長期政策的架構，確保工作環境能夠讓操作經理人有效能又有效率的做好分內工作。

誰能擔任投資委員會委員？

　　什麼樣的人應該在運作最順利的投資委員會中擔任委員？投資委員會需要思慮周祥、消息靈通、隨時做好準備、能夠根據只能從投資經驗中得到的智慧做出判斷的成員，因此每一個投資委員會的大部分成員應該都有豐富的投資經驗。少數委員的人選或許可以依據其他理由：例如曾經擔任企業領袖的人、具有專門知識、了解機構或退休金計劃贊助廠商及其財務的人，或是展現慷慨大度善心的人。所有委員都應該表現出對人事、觀念與組織的良好判斷，而且跟其他人相處融洽。

　　機構的執行長或財務長應該總是擔任投資委員會的委員，或是定期跟投資委員會開會，以便投資委員會了解財務管理方面面臨的種種挑戰，包括近期和長期的挑戰。反之，財務經理人制定計劃或主導為機構籌募資金的計劃時，必須了解投資管理的實務。這方面的成功就像真正良好的關係當中，有賴於雙方的良好溝通。

　　委員的任期應該錯開、應該經過規劃。任期五年或六年——可以連任一次、甚至兩次——有助於委員會悄悄地換掉

沒有效率或不喜歡擔任委員的人。委員的背景、經驗和技巧應該不同，運作最順利委員會委員的任期，平均應該是六到八年；事實證明，就各式各樣工作團體的效率而言，這種平均任期最適當（比較短的平均任期表示委員之間彼此太陌生，不足以知道怎麼變成最善於「共同傾聽別人心聲的人」，也不知道怎麼以真正團隊的形式運作。比較長的平均任期可能表示，委員已經不再慎重的傾聽別人的心聲）。

委員會的重心是治理，而非管理

投資委員會——一年通常開會四次——基於兩大理由，把重心放在治理上，而不是放在管理上。第一個理由是在今天嚴格管理、快速變化的資本市場上，每季開一次會的委員會不適於做出跟操作有關的決定，因為委員會根本無法做好這種決定。第二個原因是即使是組織最完善、領導最得力的委員會都會發現，自己要面對良好治理責任的全面挑戰：包括制定適當的風險限制，擬定最適當的投資政策和目標，協調投資組合的結構，確保投資經理人的明智選擇，在市場十分歡欣鼓舞和焦慮恐懼期間，維持穩定的方針，擬定合理的支出規則，跟財務委員會和全體受託人委員會協調，以便校產基金的投資管理在整個機構的整體財務治理中，扮演充分而適當的角色。明智的整合校產基金投資、機構財務和募款活動當然是受託人委員會的核心重責大任，但是這種重

要的「總體」工作，經常最適於由投資委員會發動、甚至由投資委員會領導。

所有投資委員會當然都對良好的長期報酬率深感興趣，但是運作最順利的委員會知道自己的優先要務總是管理風險，在大家容易忽略風險的輕鬆愉快時刻更是如此。

有一件事情極為確定，就是風險與管理不表示過度保守的「謹慎」。過度謹慎妨礙退休基金或投資機構無法達成首要目標時，過度謹慎的機會成本可能極為高昂。機構投資失敗和虧損的悲慘歷史中，毫無投資勇氣的例子比勇氣十足的例子多。運作最順利的投資委員會，會堅持承受和管理合理的短期風險，也就是承受和管理市場每天、每週和每年的波動風險，而且堅持避免因為操之過急，或是因為沒有確實全力追求，而產生不必要實質虧損的長期風險，這兩種情況都可能造成永久的虧損。運作最順利的投資委員會會持續不斷，奮力尋找風險和報酬率之間的適度平衡，對他們來說，「大膽的謹慎」不是矛盾的說法。

要達成有利的報酬率，需要大膽，卻不需要太大膽，需要新知，卻不需要太多的新知。良好的治理在提高報酬率時，可以避免經理人「用力過度」；會確保投資機構只選擇具有強烈專業組織文化的「全天候」經理人；會制定「不論貧富、不論健康狀況好壞」，都能夠永續維持的花費規則。

良好的治理把重心放在確保投資操作符合特定機構所擁有的技巧。最容易的操作是利用指數型基金。如果投資機構考慮採用

積極型管理，運作最順利的投資委員會會開始嚴格評估長期成果——至少評估十年的成果——這樣會清楚顯示，大部分經理人都無法追平指數所創造的成績，遑論打敗大盤指數（而且低於指數績效的平均差異大於平均附加價值）。委員會也應該客觀評估自己的能力，判斷自己選出將來能夠創造優異績效經理人的可能性，很多委員會試著這樣做，但是大部分的委員會都失敗了。

投資委員會可以在經理人的選擇方面，確立清楚的政策，從而對良好的治理，做出重大貢獻。對於規模大到能夠聘用操作員工的校產基金而言，這點不表示委員會實際上會選擇或解聘經理人。事實上，委員會把治理和管理混為一談最好的證據，是委員會自行聘用和解聘經理人。委員會極為不擅長在適當時機，做出艱難的決定。但是委員會可以、而且也應該要求訂出明確的政策與實際作業聲明，用來選擇或撤換投資經理人：

- 要聘用多少位經理人？原因何在？
- 交付每一位經理人管理的最高和最低金額為何？原因何在？
- 應該遵守什麼樣的選擇標準和「實地查核」程序？原因何在？
- 撤換經理人應該應用什麼標準？原因何在？

跟每一位經理人建立關係後預期的延續時間很長——理想

的狀況是永遠延續下去，永遠似乎是一段長到不切實際的時間，其實並非如此。改換高周轉率基金經理人的成本，可能遠高於一般所說占交易成本的3％到5％而已；知道經理人可能只是短期雇用，因此以近乎隨便的心態選擇經理人，不能充分體認真正的嚴格態度很重要，也不能完全了解所有的成本包括在高峰期聘請「熱門」經理人、在低谷期解聘令人失望經理人的成本。快速選定的經理人，亦會極為快速地讓大家失望，改換經理人的做法代價可能很高昂。

在這些成本之外，還有隱藏成本，也就是造成委員會和經營階層分心，無法嚴格地盡到責任，跟最優秀經理人培養絕佳工作關係的隱藏成本。委員會雖然把換人的過失全都推到經理人身上，真正的罪魁禍首經常是用不耐煩的方式，在只有一小時「快速約會」般的說明會中，聘用經理人的委員會。接著，因為主要的考慮是勝過大盤的「優異績效」，而不是投資委員會和每一位經理人之間高度發展的共同了解，雙方會重複這種來來去去、進進出出的程序，為經理人和委員會增添煩惱。雙方都知道一定有更好的方法。

希望運作順利的投資委員會可以從慎重的自我檢討當中，看出是否有下列問題跡象，並加以改進。

過度分散投資、聘請太多經理人

最大型的校產基金聘用專精小規模專業投資的經理人，從事私募基金、不動產和避險基金之類的「另類投資」時，聘請很多經理人可能確有必要。

大部分中小規模的校產基金如果決定聘用積極管理型經理人時，應該考慮只聘請一家投資公司，管理所有類別的股票和債券。把所有資產集中起來，交給一家擁有很多種能力的公司，甚至使自己成為這種公司的大客戶——足以促使你獲得「貴賓級」的待遇。聘請太多經理人的成本很高昂，明顯的成本是全部基金分成很多比較小的戶頭時，基金管理公司會對客戶的資金，收取偏高的管理費。其他成本也是隱藏成本，卻可能造成嚴重多了的影響。

如果改變投資組合的整體結構表示要撤換經理人，那麼改變結構可能變成極為困難（整體結構的改變應該極為罕見，或許每隔十年才改變一次，而且改變應該只是為了因應整個投資類別的罕見錯價情況，例如美國聯邦準備銀行迫使利率下降，以便重振美國整體經濟時，政府公債所出現的錯價）。整個投資類別出現罕見錯價的情況時，如果委員會聘請很多位經理人，那麼委員會跟每一位經理人之間，永遠無法培養雙方共享、以信任為基礎、能夠讓客戶和經理人順利合作，以便提高價值的開放關係。

委員會聘請十多位經理人時，其中至少有一位經理人，一定

會列在「觀察名單」或「懲處名單」中，因此，委員會會把有限的時間，放在解決問題上，而不是放在提高價值上。委員會對每一位經理人的了解不足時，一定無法對抗勢所難免的暴風雨侵襲，會受到誘惑，掩飾錯誤，「把笨蛋趕下台」，引發改換經理人和一再重複這種悲慘循環的全部成本。

委員的輪替太快

若干委員正常的輪替是好事，有助於保持委員會和討論的活力，但是如果委員來來去去的速度太快，就會錯過學習用最好的方式協調合作的機會，委員會也會喪失整體機構記憶有助於穩定的好處（委員的任期也不應該太久，以免落伍過時，彼此之間不會再慎重聽取別人的心聲）。

容許一、兩位委員主導大局

運作最順利的投資委員會主任委員身兼僕人與領袖，他們的首要任務是促成所有委員共同奉獻心力，注意維持有趣、愉快的會議氣氛、適當的開會速度，讓每個人都有機會發言。

依賴投資顧問

別搞錯了：投資顧問是一種事業——在不確定、沒有安全感的委員會，希望依賴資料完備的「專家」提供政策指引之際，勃然興起的較大型顧問公司尤其如此。

投資顧問公司的經營策略通常包括指引客戶，從事大規模的分散資產類別，這樣會直接導致投資機構僱用極多投資經理人——投資委員會實際上卻不認識任何一位經理人——以至於投資委員會變成依賴顧問公司，監督和管理投資經理人。因此，委員會議的時間都花在開除「表現差勁的經理人」，僱用有希望的「贏家經理人」，這樣做雖然有趣、娛樂性很高，最後卻毫無結果，形成不斷重複的循環。

過於頻繁地更換投資經理人

最好的做法是跟經理人平均維持十年以上的僱用關係。採用這種做法的投資人會把重心放在選擇投資管理公司，並且跟投資管理公司極為密切的配合，因此投資經理人的平均任期會超過十五年。

對投資人來說，跟投資管理公司維持長期關係中有一個明顯的例外：若聘用的投資管理公司中，要是有一家公司透露「好」消息，說該公司已經「加入」——意思是賣給——一家大公司，

通常是設在不同國家的大銀行或大保險公司時，**投資人不要等待，也不要設法了解，立刻解約**（如果這種說法太武斷，那麼建議雙方繼續保持聯絡，前提是投資人對這件併購案的結果深感滿意——這種情形絕對是少數中的少數——投資人可以考慮重新聘用已經結束關係的這家公司，但是第一次聽到這種消息時，不要妥協，也不要猶豫不決）。

投資人一定會得到十分精闢、經常讓人相當動心的解釋，對方會使出渾身解數，提出大量的熱情承諾，但是這種併購的長期歷史不能讓人滿意，因此要遵循歷史的指引，立刻結束雙方關係。

第二種例外需要特別注意：投資管理公司改變基調——背離贏得代客戶管理部分校產基金任命的投資哲學和決策過程時——或是資產規模超過自己所宣稱「最適當水準」和最大的期望時，一定要注意！經驗顯示，這家投資管理公司很可能已經把真正的重點，從專業管理改為「累積資產」，這種變化對投資管理公司可能十分有利，客戶卻必須付出極為高昂的代價。

根據一種資產類別和同行基金的績效比較

投資管理、資產保管或投資顧問業者的標準服務中，可能包括提供每一種資產類別的相關比較資料。運作最順暢的委員會知道怎麼根據時間因素和合理的期望，解讀這種績效資料。委員會利用年度和季度比較資料時，目的只有一個：就是鼓勵投資經理

人說明績效和期望略有不同時的真正原因。如果情況跟期望大不相同，當然可能代表重大問題，如果出現這種狀況，運作最順暢的委員會會嚴格處理這種問題。

選任投資績效排名前段班經理人

如果總是聘用績效排名前段班經理人，當然會為投資帶來一些效益，但是歷史資料提出大量證據，證明幾乎沒有一位投資經理人，能夠長久創造最佳的投資績效。懷著這種希望的投資委員會是自欺欺人，早晚都會對基金造成傷害。諷刺的是，努力任用「最優秀」的經理人，結果是經常聘任處在績效紀錄巔峰期的「熱門」經理人，投資委員會因此變成當經理人績效從巔峰掉進谷底時，反而積極追求低於平均水準的成果。

政策不明確而且沒有書面規範

理想的投資政策是可以交給一群「能幹陌生人」的政策，而且可以信心十足的認為，這群人可以忠誠地遵循這種明確的政策，十年後，可以用狀況良好的投資組合，回報你的信任。

不從事國際投資

對投資人而言，分散投資是唯一「白吃的午餐」，跨國分散投資的確有道理。然而，大部分國家的大多數基金都過度集中投資本國市場。

不考慮指數化投資

指數化明顯的優勢是成本較低，但是長期而言，成本較低不如投資成果較佳重要。然而，成果較佳還不如下列事項重要：指數化使委員會可以把大部分的精神，放在真正重要的問題上，也就是建立正確資產組合。

最後要說的是：在校產基金投資委員會擔任委員，應該是有趣、愉快和令人滿足的經驗。運作最優秀的委員會在這三方面都能達到標準，投資委員會沒有理由不能變成運作最優秀的委員會，沒錯，這樣做需要思慮周詳的決心和領導，但是這種委員會也有趣多了。

附錄B
東方快車謀殺案

多年來，阿嘉莎·克莉斯蒂一直是世界上最受歡迎的偵探推理小說作家[1]，她在《東方快車謀殺案》中，創造了「你能夠解決案子嗎？」的奇妙謎題，把她為讀者設想的推理遊戲，提升到完美的境界。線索指向四面八方，卻全都不確定，最後，當情節越來越撲朔迷離，老謀深算的比利時偵探白羅（Hercule Poirot）巧妙的引導讀者，導向顯而易見的最後結論：沒有一位嫌犯有罪——因為所有嫌犯都有罪。

同樣的狀況或許可以說明，為什麼共同基金和其他投資機構一直無法達成創造優異成績或「績效打敗大盤」的目標。**成績始終令人失望的原因，和線索指向跟眾多嫌犯有關一樣**，合理的懷疑和具體的證據顯示，一大堆可能的原因中，任何原因可能都是主因。

不論「績效不佳」的無心之失程度多高，很多基金的做法反

---

1. Agatha Christies，1890-1976。她的66本偵探小說和14本短篇小說集的總銷售量，僅次於聖經和莎士比亞的著作。

而使問題變得更嚴重，因為很多基金訂下非常高的目標，訂出本質上不切實際的期望，然後任用起伏程度比較高的經理人，任用依據是因為他們最近的表現看來的確「比較好」。雖然統計上明白顯示，創造最佳績效的前段班經理人不可能超過四分之一，卻有一大堆基金——數目顯然比前段班經理人的位置多出兩倍以上——嚴肅地宣稱這種地位就是他們的目標。「自我感覺良好」的人應該不會覺得驚訝，在研究中發現，著名的80／20法則在很多人的自我評估中，會發揮影響力，因此行為經濟學家對這種效應應該也不會覺得驚訝。在一個又一個的團體中，大約80％的人替自己打分數時，認為自己在當朋友、當談話對象、當司機或當舞者方面，「都高於平均水準」，而且具有良好的幽默感、良好的判斷力，值得信任[2]。

樂觀看待自己的性格可能只是人性，但是投資成果總是可以接受客觀的分析。大量已經問世的資料顯示，在隨機選擇的十二個月中，大約60％的共同基金經理人表現不如大盤；把時間拉長到十年，績效不如大盤的比率會上升到大約70％；雖然依據二十年期間評估所得的資料證據力不很有力，把期間拉到這麼長，績效落後大盤的比率會接近80％。

至少讓人同樣擔憂的是，績效差勁股票型基金經理人的數

---

2. 行為經濟學家指出，80％的人替自己打分數時，認為自己在很多方面「高於平均水準」，包括幽默感、運動能力、談話技巧、了解別人的能力、為人父母和跳舞等之類的能力，都是這樣。

目，大約是打敗基金所選定基準指數、創造優異「績效」基金經理人的兩倍——因此基金的「打擊率」令人覺得倍感氣餒。針對機構投資組合績效的研究顯示，經過風險調整後，24％的基金績效遠遠落在基金所選擇的市場基準指數之後，創造的是負額外報酬率。75％的基金績效大約跟市場相當——沒有創造額外的報酬率——不到1％的基金在扣除成本後，創造出優異的成績——在會計上，這樣的數字跟0沒有太大的差別。因此，我們要看看機構型基金績效持續不佳原因的證據。

針對機構型基金所聘用特定經理人所做的三十五年研究資料顯示，大量新客戶湧入最近創造過優異績效的經理人旗下——大部分都是在這些經理人創造最優異表現之後湧入——而且大量資金從績效差勁經理人創造最不好績效的年度後，贖回這些基金（另一個經常重複的不利因素是在資產類別或次類別價格已經上漲後，才把資金移入這些資產中，在資產類別或次類別價格下跌後，把資金從這些資產中移出——也就是在錯誤的時機，進行方向錯誤的資產移動）。這種「買高賣低」的行為造成了投資人負擔千百億美元的成本[3]。

重點不是撤換，而是改進

圖B‧1中的證據顯示，在最近一項針對三千多檔機構基金

3. 他們估計年度成本超過3000億美元。

所做的研究中，新獲聘的經理人在受聘之前三年，所創造的投資報酬率都遠高於遭到解聘的經理人。然而，新經理人再經過三年後，與原先遭到解聘的經理人所創造的報酬率相比，實際上並不會比較優異。

這種一再重複的現象會造成兩種因為重複而累積的成本。我們該關注的不是在改換經理人之後，新任經理人績效略微不佳所引發的成本，而是**舊任經理人遭到撤換前三年內績效嚴重不佳的問題**。

諷刺的是，一旦聘請新經理人後，幾乎沒有人再去研究一再令人失望的新任經理人的聘用過程。積極管理型經理人會告訴自己，他們差勁的表現只是暫時性的「異常」，而且相當樂觀的期望將來會有比較好的表現。同時，客戶也告訴自己，自己很明智地解雇了差勁的經理人。

就像蘇格拉底的格言一樣：「沒有經過檢驗的生活不值得過。」社會科學專家指出，具有相信本身功效動機的人，一再「看到他們所相信的東西」，也就是看到正確的幻象，因此，甚至不承認自己持續不斷的缺失或失敗。雖然以整體而言，每一個人都知道光顧賭場會大輸特輸，但是賭桌和吃角子老虎機總是擠滿了人。因此，如果客戶和經理人既不檢討，也不從自己的實際經驗中學習，績效持續不佳的問題會一直延續下去。

如果參與者檢討自己的經驗，一定會看出最沉重的成本是他們終於受到刺激、採取行動前，基金所產生的負績效。這種成本

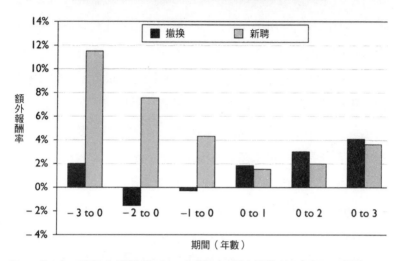

圖B・1

撤換和新聘投資經理人的額外報酬率之比較

Source: Goyal and Wahal, 2008. *The Journal of Finance.* Vol. LXIII, No. 4. August 2008.
說明：新聘經理人在前三年的表現會比遭撤換的經理人好。然而再經過三年後，新聘經理
人與遭撤換經理人的表現反而沒有顯著差異。

起源於試圖找出可能創造優異績效經理人時所冒的風險。**利用過
去的績效，找出哪些經理人將來可能創造優異績效，會增加未來
失望的機率，因為過去的績效——不管多麼令人動容——都無法
預測未來的績效。**

　　因此，一種新的現實變成糾纏積極型經理人的幽靈。指數型
基金比照市場風險，持續提供媲美市場的報酬率，卻只收取非常
小額的產品管理費[5]，表示積極型經理人只能希望自己在確實打

---

5. 奇怪的是，甚至有一些指數型基金也吸取高額的費用——對模擬標準普爾500指數的基
　 金，收取高達0.75％的管理費。

敗大盤時，提供真正的價值——就我們所知，大部分經理人都無法打敗大盤，長期尤其如此。真正的費用——隨著真正的附加價值比率而提高的費用增加幅度——實際上占到比較成功積極型經理人所提供價值的50％以上，就比較不成功的很多積極型經理人來說，這種比率更是高多了——甚至是高到無限高。第19章解釋過，積極型管理的真正邊際成本，是積極型經理人根據自己所提供的較高報酬率，而加收的較高費用。從正確的角度來看，**積極型管理可能是唯一成本超過所提供價值的服務**（研究真正成本與顯性成本的人提醒我們，一隻小狗的真正成本不是購買價格，遊艇的真正成本也不是付給船舶經紀商的價款。就遊艇來說，老摩根說過一句很有名的話：「如果你必須問遊艇的成本，你就買不起。」）

客戶逐漸了解績效不佳的一大原因是費用——在今天競爭激烈的專業化市場中尤其如此。其中的諷刺很殘酷，就是極多積極型管理人技巧極為高明、能力極為高超、工作極為勤奮，以至於他們共同主宰市場，因此很少人能夠打敗全部同行。

在投資這一行裡，犯下系統性績效不佳罪行的嫌疑犯不少，投資經理人是其中的主嫌。三十年來，我跟歐亞、澳紐和整個北美洲的大型投資管理公司合作，研擬企業策略，很清楚主嫌就是投資經理人。

積極型經理人以能力高超、勤奮工作、訓練有素和全心投入聞名，他們對自己的工作價值深具信心（行為經濟學家把這種現

象叫做熟悉度偏誤）。旁證很多，幾乎每一位經理人在新業務說明會和每季檢討會議中，都相信投資人會對一種顯而易見的誘惑低頭，也就是從最有利的角度，說明自己的績效紀錄。

他們的紀錄幾乎總是「經過美化」。他們選擇包含歷史性「績效」圖表中的年度時，經常選擇讓大家能夠得到最好印象的年度，而且也基於同樣的原因，選擇用來跟績效評比的基準指數。

要了解真相，還有另一個「線索」：不管他們採用的投資哲學和決策過程多麼複雜，卻經常全都過度簡化，配合選定的資料紀錄下來，然後對大家扼要說明，說這些東西是令人信服的「普遍真理」。他們引導客戶和潛在顧客，相信每一位經理人在績效戰爭中，都在觀念方面，發展出很有吸引力的競爭優勢。沒有一位經理人坦白談論隨著企業資訊和嚴格的分析增加、競爭者大增，或大家原本當成競爭優勢的資訊逐漸商品化後，投資管理已經變得極為困難的事實。

現實主義者應該懷疑的是，雖然投資經理人可能很希望以優異的績效為基礎，壯大自己的投資管理公司，但是經濟因素——贏得更多新業務、儘量保有原有的業務——已經變成更強而有力的動機。將近三十年來，根據我在「幕後」，跟若干國家規模大小不等的二百多家投資機構合作的經驗，促使我的看法越來越傾向現實主義者的這種懷疑。

深入評估投資經理人的競爭力排名後，可以看出一個很有說服力的證據：經理人雖然知道，將來非常難以繼續創造最近所達

成的優異成果，卻一再在他們近年的績效數字特別有利時，特別努力的對外推銷自己的服務，爭取新客戶，噢，他們應該會這樣吧，難道不是嗎？

　　現實主義者承認：在成績看來最好時極力爭取新業務的經理人，會贏得更多業務，在績效不佳期間善於兩面討好的經理人，會保住更多的業務。因此，如果觀察家問「誰是真凶？」證據會指向犯下造成投資機構績效不佳罪行的經理人。

投資顧問並不為客戶服務

　　然而，細想起來，我們必須考慮的另一群嫌疑犯，還包括投資顧問和證券經紀商在內。他們收取費用，負責監督投資人目前所聘用的經理人，也協助投資人選擇新經理人——當然是先協助客戶決定解聘績效不佳經理人之後才這樣做。大部分忙碌的投資人認為，利用善於評估幾百位有潛力投資經理人的專家，利用他們有系統地評估投資經理人的「績效」數字，定期跟他們的重要人員開會，嚴格比較他們的實際行為與過去的承諾，的確很有道理。投資人相信，「表面上」只努力追求客戶最佳利益的這些專家，能夠進行詳細、深入而獨立的評估。

　　現實主義者會指出，投資顧問是一種行業，雖然投資顧問和經紀商希望為客戶創造絕佳的成績，但他們事業的經濟基本面，幾乎總是壓倒他們追求專業精神的願望。一旦投資顧問公司攤銷

了評估經理人和編纂資料庫的成本，每增加一位客戶，年度利潤率會超過90％。因為經營良好的關係未來會延續很多年，這種關係的經濟價值不是今年的費用而已，而是未來很多年費用的淨現值。同樣的，失去任何一位客戶的費用中，超過90％的淨現值就是公司獲利的損失。因此，證券商和顧問公司老闆會密切注意公司的業務關係，每一位線上經理人的優先目標很清楚，就是**不要喪失客戶**，這種優先目標最後自然會主導業務。

持續看出將來會有優異能力的經理人，又能技巧地解聘將來會令人失望的經理人，是十分艱巨的工作，因此假設任何公司多少能夠做好這件事，一定失之天真。鼓勵每一位客戶，分散投資在很多經理人身上，藉以建立強而有力的自我辯護地位，應該是較為精明的企業策略。利用「越多越好」的分散投資方法，可以保障投資顧問的業務，因為這樣可以分散任何特定經理人績效不佳、傷害投資顧問跟客戶關係（也傷害未來所收取費用）的風險。

投資組合多元化策略當然會導致客戶聘用更多經理人，這樣會提高一位以上經理人創造令人失望成績的機會，也會使投資人更依賴投資顧問，負責監督這些經理人——還要監督現有經理人之一表現落後或不佳時新引進的經理人。監督所有這些經理人，使投資人在資訊和評估方面，更為依賴投資顧問。

投資顧問很清楚，知道只能提供最近擁有有力績效紀錄的經理人，供投資人選擇，也知道不要為「令人失望」的投資經理人辯護，以避免失分（你見過經紀商或顧問推薦經理人時，曾經說

「這位經理人最近的績效紀錄看來的確不好，但是我們的專業意見是：這位經理人擁有特別強而有力的團隊，也熬過對他們的投資風格不利的市場風暴，我們相信他們將來會創造優異的成果」嗎？你看過這種事情嗎？）

投資顧問會把代理人經濟利益的重點，放在儘量長久的保持最大數量的客戶，這種代理人利益和客戶長期的委託人利益並不十分配合。雖然雙方都不樂於見到這種情況，但是可以預期的是，代理人行為和委託人行為應該會不同。

最後，我們每年追蹤哪些經理人會贏得客戶、哪些經理人會喪失客戶後，所得到的行為紀錄顯示，投資顧問的客戶一直都在經理人創造最好的績效年度後，聘請這種經理人；在經理人創造最差勁績效的年度後，解聘這種經理人，因此證據指向下述結論：**這一切是投資顧問的所作所為！**投資顧問犯了造成投資人績效不佳的罪行——至少投資顧問在這方面是共犯。

投資人無法抵抗高獲利誘惑

然而，也有人將懷疑指向另一個方向，也就是指向散戶自己或投資機構的基金主管。大家早就知道，投資經理人總是代表在社會上占有主導地位、十分善於完成交易、從中獲得優厚報酬、具有追求絕對勝利決心的人。投資機構的基金主管和散戶最容易「購買」某一位投資經理人的時機，是這位經理人的投資績效到

達巔峰的時刻。因此，不管現實主義者多麼不願意，都會受到吸引，並得出投資人自己才是真正罪魁禍首的慘痛結論。

我曾經在亞洲、北美洲和中東等地十多個基金的投資委員會擔任委員，這些基金的資產規模從1000萬美元到3000億美元不等，我從這種經驗中得到的證據，十分持續一貫地指向另一個令人吃驚的罪魁禍首。雖然投資委員會的個別委員和整體都抱著最大的善意，但是犯下績效不佳罪行的罪犯，卻一定是基金本身的投資委員會。

首先，很多投資委員會的運作方式，不能反映投資市場的重大變化，這種變化使很多傳統的投資信念過時——投資委員會資深委員抱持的信念更經常如此。很多投資委員會在無形之間，錯誤的界定本身的目標，而且用適得其反的方式，建構投資委員會，因此，就像莎士比亞說的一樣：「親愛的布魯特斯，錯不在我們的命運，而在我們自己。」

客觀評估上述所有證據後，不論個人或機構投資人受到多大的誘惑，多麼希望坦白承認自己是績效不佳的主因，但是委員會都不應該負起全部責任。委員會確實有罪，但有罪的不只是委員會而已，委員會還有共犯，積極型投資經理人、投資顧問和投資顧問公司也都有罪，我是說有罪的不只是一位嫌犯而已，所有的嫌犯都有罪。

克莉絲蒂「故事結局」中的諷刺意味深受很多讀者喜愛，投資天地的情形也很像這樣，上述三種人都有罪，卻都不準備承認自己在這種罪行中的角色。每一種人都知道自己和自己所屬的團體在工作上盡心盡責，知道自己工作勤奮，真心相信自己無辜。他們不承認自己在這項罪行中的角色，甚至似乎沒有人承認有人犯罪──在他們檢驗證據、承認自己的角色前，甚至不知道有人犯了罪。然而，積極管理的績效不佳罪行，無論是在多麼無心的情況中犯下，我只能說將來還會繼續再犯。

附錄 C
延伸閱讀推薦

如果你希望知道更多，這裡推薦十本書，你會發現下列這些書很有意思，也很值得深入閱讀。

1. ＜波克夏公司年報＞，作者巴菲特是美國人公認最成功的投資人，他略帶幽默、卻十分坦白地說明他和夥伴蒙格的所作所為以及背後的原因。這些精彩的年報很有閱讀娛樂性，又具有深奧的啟發性，讀來令人愉快，是所有投資人的開放教室。當年度和上一年的年報可參閱 berkshirehathaway.com.。

2. 《智慧型股票投資人》，作者葛拉漢是大家公認的投資管理業始祖，本書是一本「高級的入門書籍」。當之無愧的當代最受歡迎的投資評論家褚威格為這本名著，重刊一本經過精心評註、內容充滿當代看法與觀點的版本。如果你希望加強深度、廣度和嚴謹程度，請研讀葛拉漢與杜德合著的《證券分析》，八十年來，這本書出過六版，一直是專業投

資人的聖經。

3. 《股神巴菲特的神諭》，作者凱洛‧盧米思（Carol Loomis）是《財星》雜誌著名記者兼作家，本書匯集她和老友巴菲特發表在《財星》雜誌上的多篇文章、再經過精心評註而成。

4. 《柏格談投資：第一個五十年》（*John Bogle on Investing:The First 50 Years*）。作者柏格是散戶投資人的保護者、先鋒公司的創辦人，也是思想清楚、文筆絕佳、特立獨行但言行卻令人深感愉快的聖戰士，他的很多看法值得我們所有的人珍惜和利用。

5. 《創新投資組合管理》（*Pioneering Portfolio Management*），作者史文森是耶魯大學極為成功的投資長，他在書中用極為淺顯的方式，說明如何管理大型免稅投資組合，書中沒有術語、沒有複雜的公式，卻有很多明智的思考與判斷。本書是歷來跟專業投資有關的最佳傑作，認真的業餘投資者都能完全了解。史文森詳盡、明確地說明耶魯校產基金每一個投資面向背後的原因，顯然促使 —— 甚至迫使 —— 所有其他投資機構必須針對下列核心問題，提出自己的答案：

　・你的策略性投資組合結構如何、原因何在？

　・你如何選擇投資經理人、原因為何？

　・你的支出規則為何？原因何在？

．你的投資委員會的特殊功能與責任為何？原因何在？

6.《快思慢想》，陳述諾貝爾經濟學獎得主康納曼（Daniel Kahneman）如何以動人的方式，說明他和其他重要行為經濟學家的研究結果，顯示我們的行為，並非像經濟學家過去所相信的那麼接近持續一貫或理性。

7.《群眾心理學》（*The Crowd*）。作者勒龐（*Gustave Le Bon*），本書早在十九世紀末年即已出版，書中說明聰明人加入團體後，會失去理性和個性，更糟糕的是，會成為群眾的一份子。投資人經常展現「群眾行為」，造成泡沫與恐慌。

8.《你最需要的投資指南》（*The Only Investment Guide You'll Ever Need*），作者安德魯‧托比亞斯（Andrew Tobias），本書是十分平實、輕鬆好讀的入門書籍，文字明確、詳盡、坦誠，行文中又具有十足的個人魅力，難怪這本書賣出一百五十多萬本。

9.《漫步華爾街》，作者墨基爾（Burton Malkiel）在這本銷售超過一百五十萬冊的傑作中，針對專家已經知道──所有投資人都應該知道──的問題，提出備受歡迎又十分精彩的指路明燈，說明最好和最有用的研究，也說明如何在你的投資生涯中，釋放這種研究的力量。書中處處可見普林斯頓大學這位歷來最受歡迎的經濟學教授直入核心的看法。

10.《投資人論文選集》（*Investor's Anthology*），本書收集的多

篇精彩論文都深具影響力，提供名不虛傳、又能「啟發」專業投資人的多項遠見和觀念。

有一些跟投資有關的優秀文章與思想出自四位記者，他們所說的一切都是我不想遺漏或錯過的：《財星》雜誌的盧米思、《紐約時報》的諾利斯（Floyd Norris）、《華爾街日報》的史威格以及知名財經節目主持人康蘇樂·梅克（Consuelo Mack）。

國家圖書館出版品預行編目資料

投資終極戰：耶魯操盤手告訴你，投資這樣做才穩賺 / 查爾斯‧艾利斯
　(Charles D. Ellis)作；劉道捷譯. -- 初版. -- 臺北市：麥格羅希爾；
　新北市：大牌, 2014.05
面；　公分
譯自：Winning the loser's game : timeless strategies for successful investing, 6th ed.

ISBN 978-986-341-111-6 (平裝)

1.投資管理 2.投資分析

563.5   103007483

投資終極戰：耶魯操盤手告訴你，投資這樣做才穩賺

繁體中文版© 2014 年，美商麥格羅‧希爾國際股份有限公司台灣分公司版權所有。本書所有內容，未經本公司事前書面授權，不得以任何方式（包括儲存於資料庫或任何存取系統內）作全部或局部之翻印、仿製或轉載。

Traditional Chinese Translation Copyright © 2014 by McGraw-Hill International Enterprises, LLC., Taiwan Branch
Original title: Winning the Loser's Game, 6E (ISBN: 978-0-07-181365-5)
Original title copyright © 2013, 2010, 2002, 1998 by Charles D. Ellis
All rights reserved.

作　　　者	查爾斯‧艾利斯 (Charles D. Ellis)
譯　　　者	劉道捷
主　　　編	李映慧
責任編輯	許訓彰
總 編 輯	陳旭華
	E-mail: ymal@ms14.hinet.net
社　　　長	郭重興
發行人兼 出版總監	曾大福
印務主任	黃禮賢
封面設計	犬良
排　　　版	極翔企業有限公司
法律顧問	華洋法律事務所　蘇文生律師
合作出版	美商麥格羅‧希爾國際股份有限公司台灣分公司
	臺北市 10044 中正區博愛路 53 號 7 樓
	TEL: (02) 2311-3000　　FAX: (02) 2388-8822
	http://www.mcgraw-hill.com.tw
出　　　版	大牌出版/遠足文化事業股份有限公司
	新北市 23141 新店區民權路 108-2 號 9 樓
	TEL: +886-2-22181417　FAX: +886-2-86671851
發　　　行	遠足文化事業股份有限公司
出版日期	西元　2014　年 5　月　初版首刷
定　　　價	新台幣 380 元

ISBN：978-986-341-111-6

著作權所有 侵害必究（缺頁或破損請寄回更換）